阴阳八卦掌第九代传人田迥练功照

本书作者田克延年轻时的习武照

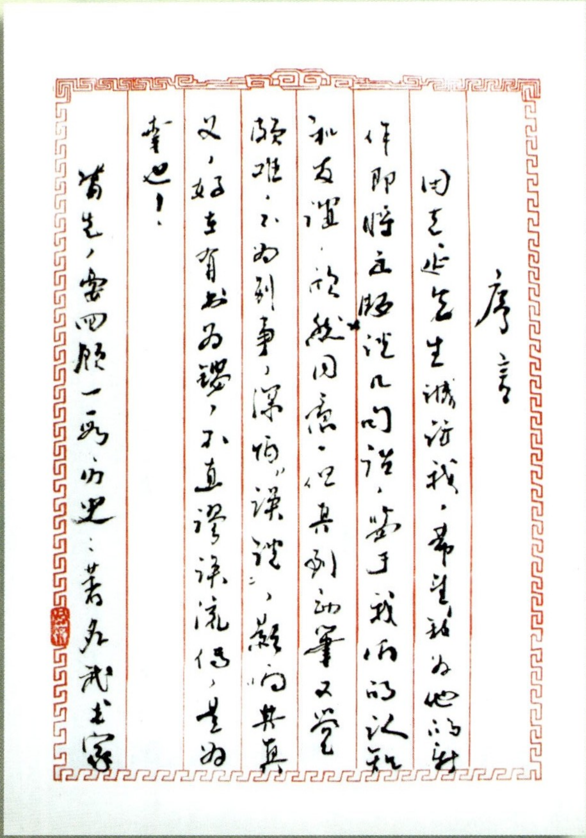

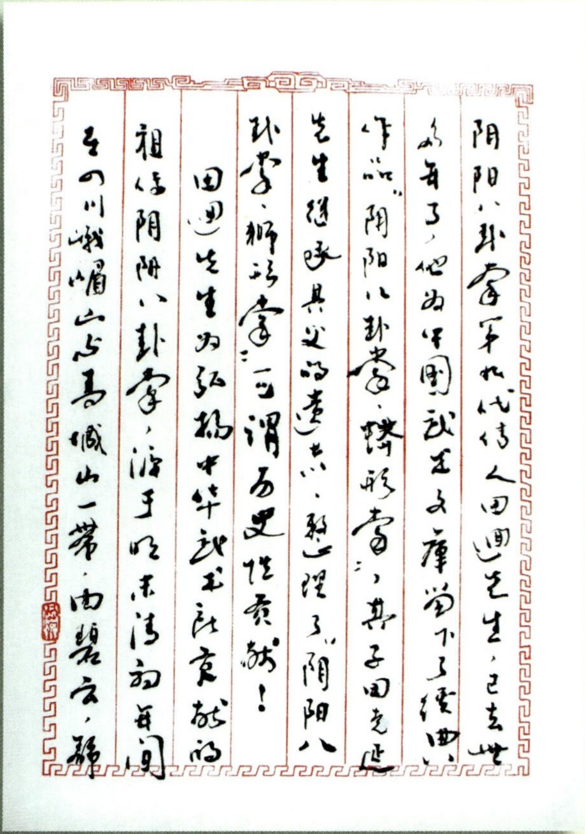

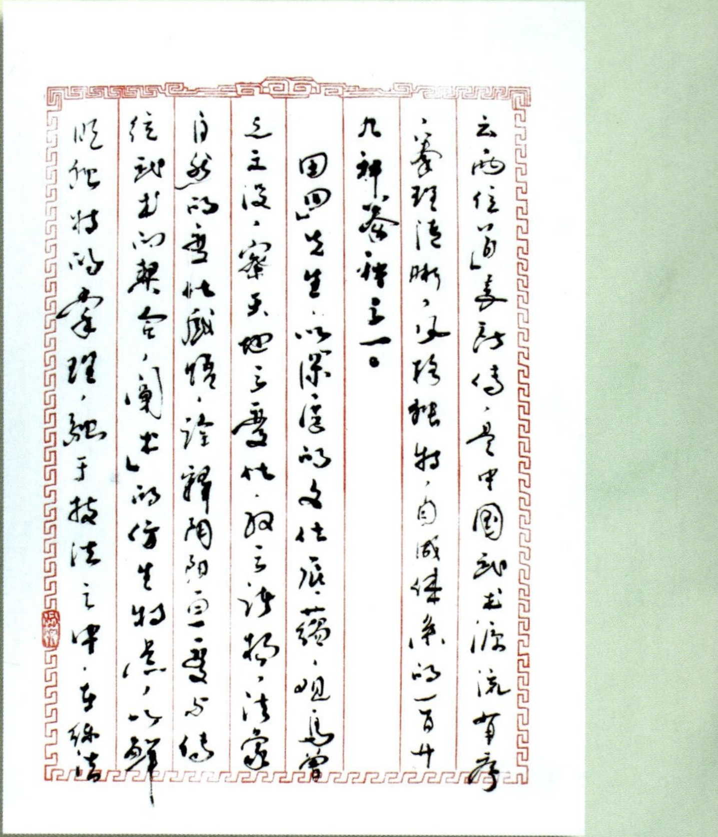

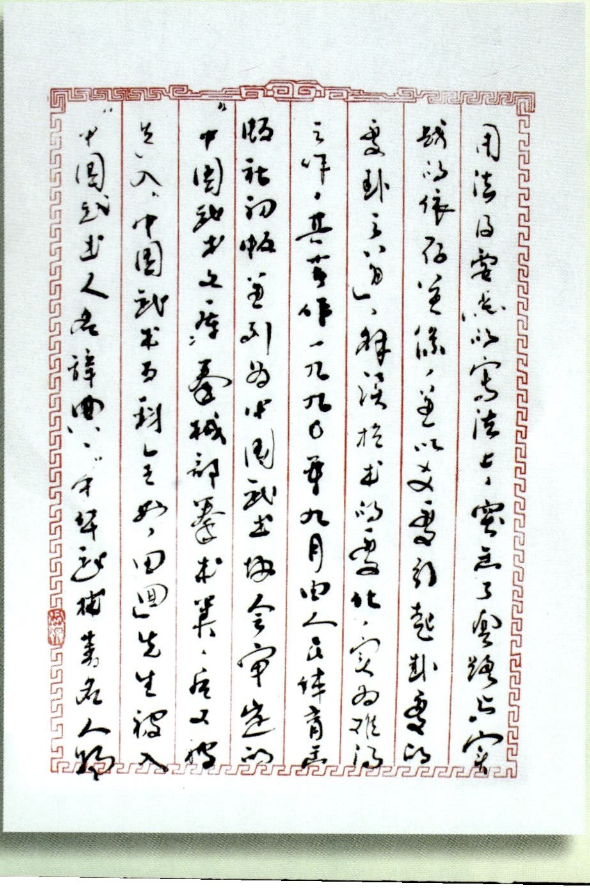

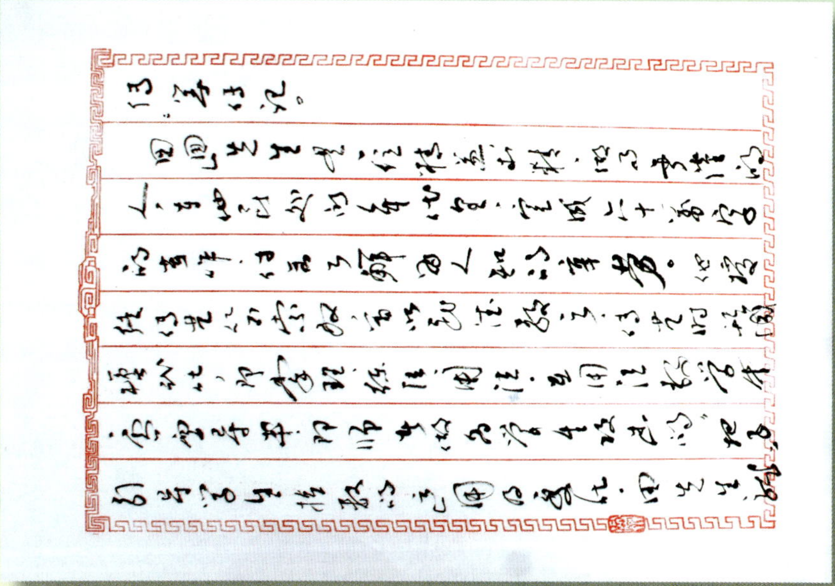

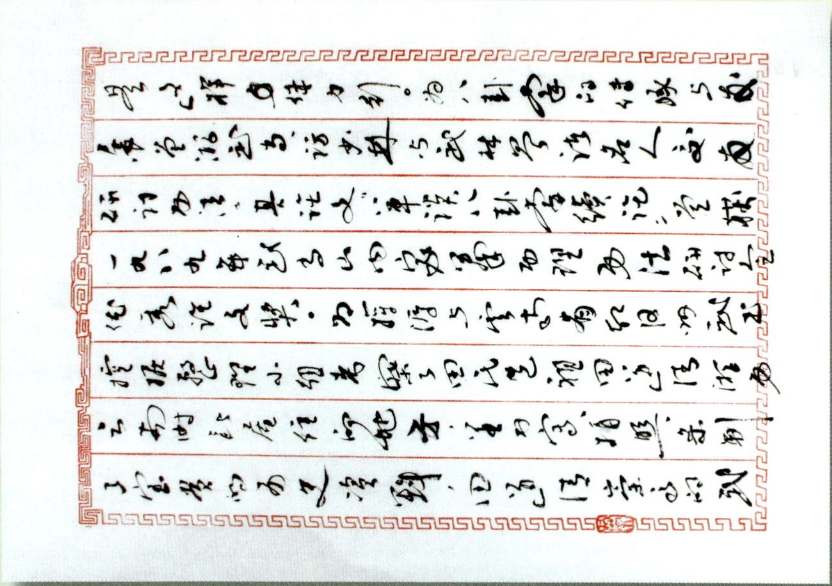

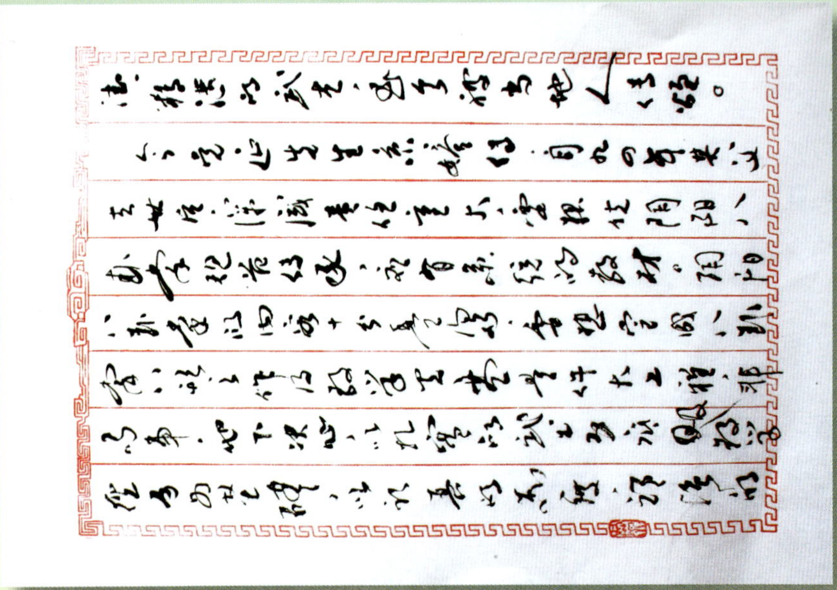

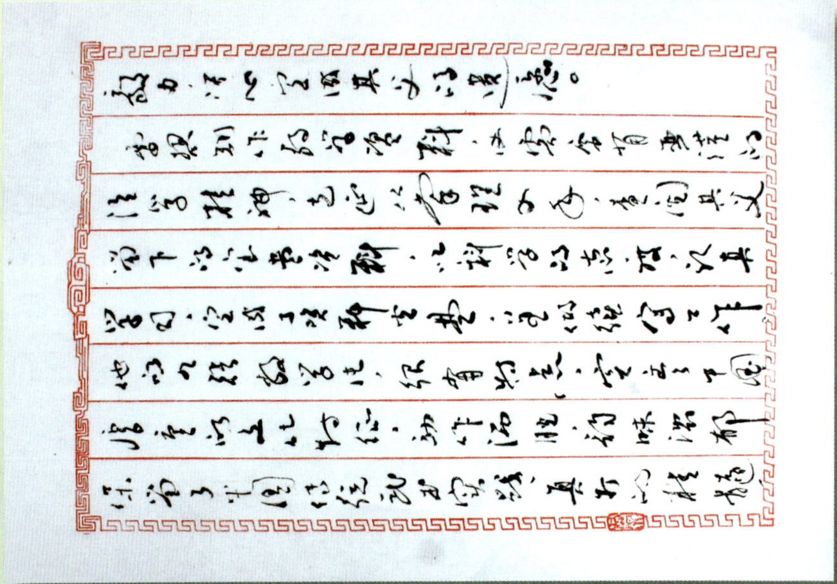

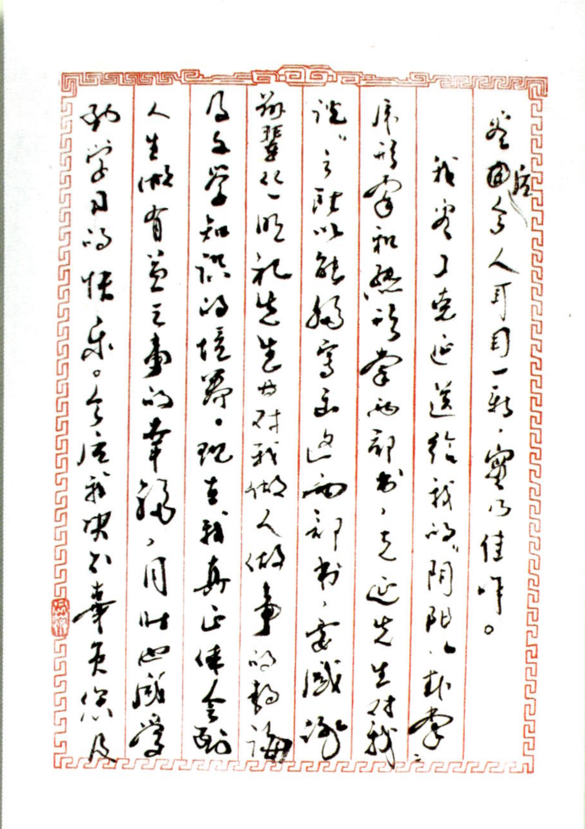

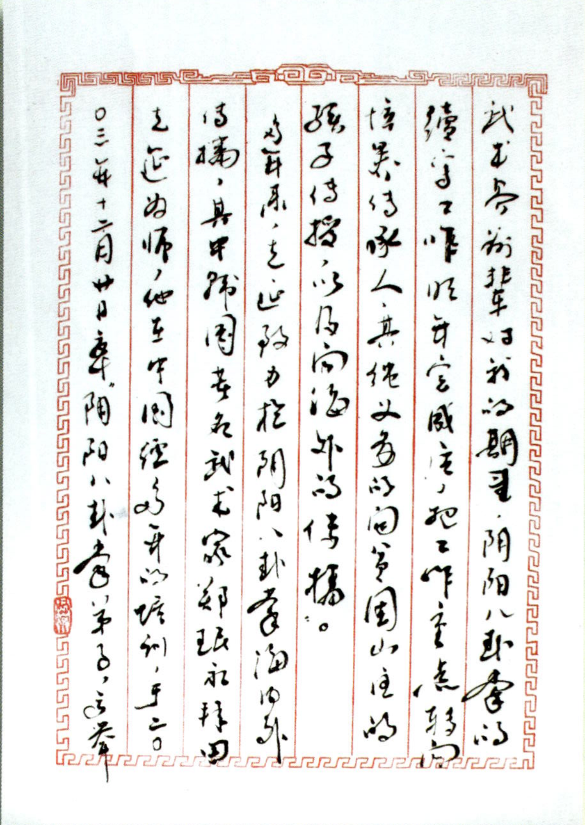

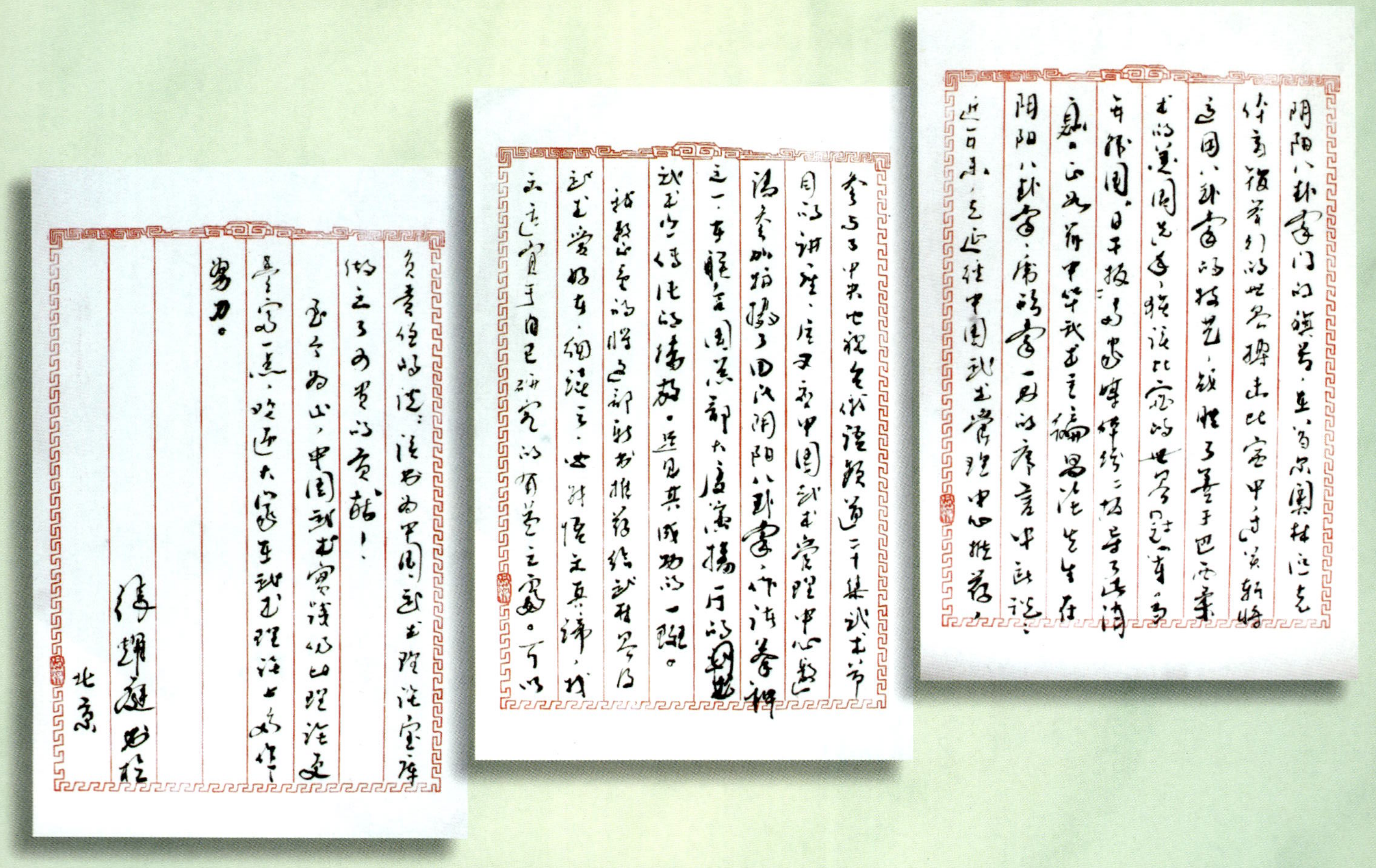

序 言

（译 文）

田克延先生诚访我，希望我为他的新作即将出版说几句话，鉴于我们的认知和友谊，欣然同意。但真到动笔又觉颇难，不为别事，深怕"误说"，影响其真义，好在有书为鉴，不致谬误流传，是为幸也！

首先，要回顾一段历史：著名武术家阴阳八卦掌第九代传人田迴先生，已去世多年了，他为中国武术文库留下了经典作品《阴阳八卦掌·蟒形掌》，其子田克延先生继承其父的遗志，整理了《阴阳八卦掌·狮形掌》，可谓历史性贡献！

田迴先生为弘扬中华武术所贡献的祖传阴阳八卦掌，源于明末清初年间在四川峨眉山与青城山一带，由碧云、静云两位道长所传，是中国武术源流有序、拳理清晰、风格独特、自成体系的 129 种拳种之一。

田迴先生以深厚的文化底蕴，观鸟兽之出没，察天地之变化，取之诸物，法象自然的变化感悟，诠释阴阳亘变与传统武术的契合，阐述的仿生特点，以鲜明独特的掌理，融于技法之中，在练法、用法及要点的写法上，突出了套路与实战的依存关系，并以爻变引起卦变的变卦之道，解读招术的变化，实为难得之作，其著作于 1990 年 9 月由人民体育出版社初版，并列为中国武术协会审定的《中华武术文库》拳械部拳术类，后又被选入《中国武术百科全书》，田迴先生被选入《中国武术人名辞典》《中华武术著名人物传》等传记。

　　田迴先生是一位精益求精、做事严谨的人，在他所处的年代里，完成 60 万字的著作，付出了鲜为人知的辛劳。他授徒传艺从不索取，首以武德教之，传艺时形成模式化，即掌理、练法、用法。在用法教学中，需要导术，即师者作为学生攻击的"把子"，引导学生招数的运用及变化。田先生就是这样身体力行。为八卦掌的传承与发展曾游武当、访少林，与武林诸名人交友研讨功法。其论文《草谈八卦掌续论》曾获 1989 年武当山内家拳功理功法研究会优秀论文奖。为探源与云南省红河州武术挖掘整理小组考察了田氏先祖田道清游历云南时所居住的地方，并书写、拍照、录制了宝贵的历史资料，田道清崇高的武德、精湛的武艺，至今被当地人传颂。

　　今克延先生系嫡传，自 1994 年其父去世后，深感责任重大，要想使阴阳八卦掌规范传承，应有系统的教材。阴阳八卦掌的内容十分丰富，要想完成八卦掌八形之作及教学光盘是件大工程，非易事。他下决心，以扎实的武术功底及教学经历的基础，以认真的态度、顽强的毅力，决心完成其父的遗愿。

　　要想制作教学资料，必须有严谨的治学精神，克延从掌理入手，查阅其父留下的宝贵资料，以科学的态度，认真学习，完成了资料光盘，并做续写工作。他的 9 张教学片，很有特点，突出了中国厚重的文化特征，动作洒脱，韵味浓郁，保留了中国传统武术实践、真打的精髓，看后令人耳目一新，实乃佳作。

　　我看了克延送给我的《阴阳八卦掌·虎形掌》和《熊形掌》两部书，克延先生对我说："之所以能够写出这两部书，要感谢前辈丛明礼先生等对我做人做事的教诲及文学知识的培养。现在我真正体会到人生做有益之事的幸福，同时也感受到学习的快乐。今后我决不辜负您及武术界前辈对我的期望，阴阳八卦掌的续写工作明年完成后，把工作重点转向培养传承人，其后纯义务地向贫困山区的孩子传授，以及向海外的传播。"

多年来，克延致力阴阳八卦掌海内外传播，其中韩国著名武术家郑珉永拜田克延为师，他在中国经多年的培训，于2003年12月20日率阴阳八卦门弟子，高举阴阳八卦门的旗号，在首尔奥林匹克体育馆举行的世界搏击比赛中，过关斩将，运用八卦掌的技艺，战胜了善于巴西柔术的美国选手，获该比赛的世界冠军。当年韩国《日干报》等多家媒体纷纷报道了此消息。正如前《中华武术》主编昌沧先生在《阴阳八卦掌·虎形掌》一书的"（代序）"中所说：近年来，克延经中国武术管理中心推荐，参与了中央电视台俄语频道20集武术节目的讲座，后又应中国武术管理中心邀请参加拍摄了田氏阴阳八卦掌，作诸拳种之一，在联合国总部大厦演播厅的武术宣传片的播放。足见其成功的一斑。

我郑重地将这部新书推荐给武术界及武术爱好者，细读之，必能悟其真谛，找出适宜于自己研究的有益之处。可以负责任地说：该书为中国武术理论宝库做出了可贵的贡献！

至今为止，中国武术实践仍比理论更丰富一点，欢迎大家在武术理论上多做努力。

张耀庭书于北京

阴阳八卦掌
蛇形掌

田克延　著

人民体育出版社

图书在版编目(CIP)数据

阴阳八卦掌·蛇形掌 / 田克延著. – 北京：人民体育
出版社，2015
ISBN 978-7-5009-4712-7

Ⅰ.①阴… Ⅱ.①田… Ⅲ.①八卦掌–基本知识
Ⅳ.①G852.16

中国版本图书馆 CIP 数据核字(2014)第 210102 号

*

人民体育出版社出版发行
三河兴达印务有限公司印刷
新 华 书 店 经 销
*
850×1168 32 开本 11.5 印张 265 千字
2015 年 3 月第 1 版 2015 年 3 月第 1 次印刷
印数：1—5,000 册
*
ISBN 978-7-5009-4712-7
定价：29.00 元

社址：北京市东城区体育馆路 8 号 （天坛公园东门）
电话：67151482（发行部） 邮编：100061
传真：67151483 邮购：67118491
网址：www.sportspublish.com
（购买本社图书，如遇有缺损页可与邮购部联系）

出版说明

  《阴阳八卦掌》又名《田氏阴阳八卦掌》，全书共八册，依次为《蟒形掌、狮形掌、虎形掌、熊形掌、蛇形掌、马形掌、猴形掌、鹏形掌》。其中，第一册《阴阳八卦掌·蟒形掌》由阴阳八卦掌的第九代传人 田迥 著，已于 1990 年 9 月由我社出版；第二册《阴阳八卦掌·狮形掌》由第九代、第十代传人 田迥 、田克延父子合著，已于 1999 年 12 月由我社出版；第三册《阴阳八卦掌·虎形掌》由田克延著，已于 2013 年 4 月由我社出版；第四册《阴阳八卦掌·熊形掌》由田克延著，已于 2014 年 3 月由我社出版。本书是第五册，其作者田克延正在按计划续写第六至第八册，我社将及时出版，最后再将全部八册整合为一册付梓，以飨读者。

  关于《阴阳八卦掌》的源流、传承、掌理、特点、练习步骤、掌法与步法等，因已论述于第一册《阴阳八卦掌·蟒形掌》中，故后续的各册未再重复，特告。

  本书图像中，甲方为本书作者田克延，乙方为田克延的弟子胡彪。

人民体育出版社

2014 年 8 月

目 录

蛇形掌简介

　　阴阳八卦掌套路共分八形，即蟒、狮、虎、熊、蛇、马、猴、鹏。每形是一卦掌，八形为八卦掌。本书所著内容是蛇形掌套路的练习及用法。

　　蛇形掌是取蛇之缠绕、穿钻之意，循阴阳八卦变化之理，用于掌理掌法上，由蛇形掌势及八势掌而组成的阴阳八卦掌中的第五卦掌套路。内容有蛇翻摇臂穿扎掌、蛇穿翻臂转身掌、蛇钻滚臂悠身掌、蛇缠悠臂旋翻掌、蛇盘拧旋坐盘掌、蛇弹摇摆滚翻掌、蛇鞭抽弹兜旋掌、蛇游旋缠悠身掌。

　　蛇形掌，臂似蛇身，刚柔相济。动作起来，缠绕拧盘、摇臂钻穿似惊蛇游钻、白蛇吐信。

蛇形掌势

八形不同，动作各异，每一形都有不同的掌势。掌势有其形的突出特点，可以说是代表其形的符号，一见到八形之一的掌势，便知其形的名称。

蛇形掌势口诀如下：

沉肩坠肘，侧身而立。

两臂屈伸，双掌拧点。

两掌相依，掌形相继。

畅胸拔顶，坐胯拧腰。

腰如轴立，含有拧旋。

气沉丹田，三空记牢。

二目贯神，眼看前掌。

似如二蛇，争行之意。

蛇形掌势见图 1。

图 1　蛇形掌势

练法： 蛇形掌套路的练法，是由蛇形掌势开始。作为套路的演练是由立正开始，因此这里首先讲解从立正到蛇形掌势的练法。

由立正姿势开始，全身放松，思想入境，双眼平视前方。（图 2）

1. 身体向左拧旋下伏的同时，右臂内旋，向左往上弧线屈肘滚臂缠拢，掌置于腹前，前臂向内拧翻，掌心斜形向下，成虎爪掌形；左臂内旋，向右往上经面前，尔后向下弧

图 2

3

线屈肘拢按，掌置于胸前，掌心向下，成虎爪掌形。同时左腿屈膝向左拧旋下蹲，脚掌向外碾，足跟往里旋；右腿随势抬起，向右屈膝内掩，弧线扣脚落步。畅胸拔顶，坐胯拧腰。目视右前方。（图3）

图3

2. 上动不停。身体向左拧旋上起的同时，右臂内旋，向左往上弧线缠拢，掌置于腰前，掌心向下，成虎爪掌形；左臂随势而动，屈肘按于胸前，掌指向右，掌心向下，成虎爪掌形。同时双腿屈膝向左拧旋。目视右掌方向。（图4）

3. 上动不停。身体向右拧旋上起的同时，右臂外旋，

图4

向右往上弧线滚臂缠拢，掌置于面前右侧，掌指向上，掌心向前，成鹰爪掌形；左臂内旋，向左往下弧线滚臂拢按，掌置于腰前左侧，掌心向下，成虎爪掌形。同时双腿屈膝向右拧旋，左脚蹬地助力。目视右侧。（图5）

图5

4. 上动不停。身体向右拧旋下伏的同时，右臂外旋，向左往下弧线滚臂缠拢，掌置于腹前，掌沿向下，掌心向内，成鹰爪掌形；左臂外旋，向右往上经顶前，尔后臂内旋，向下弧线滚臂缠拢，掌置于右掌上方，掌指斜形向下，成虎爪掌形。同时双腿屈膝向右拧旋。目视左侧。（图6）

图6

5

5. 上动不停。身体向左拧旋坐顶发力的同时,左臂外旋,向左弧线滚臂拧点,掌置于身体左侧,掌指向前,成二指掌形;右臂外旋,向左弧线滚臂拧点,掌置于腰前,掌指向前,成二指掌形。同时左腿屈膝向左拧拱,脚掌向外碾,足跟往里旋;右腿随势屈膝向左拧旋,蹬地助力,脚掌向里碾,足跟往外旋。目视左侧。(图7)

6. 在上动坐顶发力后,身体自然向右拧旋的同时,左臂随势屈肘向后回收探掌,掌置于身体左侧,掌指向左,成二指掌形;右臂随势屈肘向后回收,掌置于腰前,掌指向左,成二指掌形。双腿屈膝自然向右拧旋。目视左掌方向。成蛇形掌势。(图8)

图7   图8

要点:作为套路演练的开始动作,身体立正后稍停几秒,使心态平静,思想入境。动作要以慢为主,既要把握好慢中有快、快中有慢的节奏,又要把握好刚中有柔、柔中有刚的韵味。动作是由双臂的缠拢过渡到双掌的拧点,定势后成蛇形掌势。双臂缠拢时要意想蛇的缠绕，动作要圆活、协调。双掌抖臂拧点发力，要有白蛇吐信之疾速。招术的练习要注意身体高低起伏的变化，做到腰如轴立含拧旋，上下肢体节节贯通。

动作与解说

第一势掌——蛇翻摇臂穿扎掌

第一成手掌（第 1 至第 12 个动作）

1. **练法：**由蛇形掌势开始。（图 1-1）

用法：甲乙双方拉开战势，甲方为蛇形掌势；乙方左掌置于胸前，右掌前伸。双方对视。（图 1-1 用法）

图 1-1   图 1-1　用法

练法：向右拧腰滚背旋闪进身的同时，左臂内旋，向右往下经胯旁而后外旋向上弧线屈肘滚臂拢封，掌置于身体右侧，掌沿向下，掌心向后，成虎爪掌形；右臂随势而动，屈肘下按，掌置于腹前，掌指向左，掌心向下，成虎爪掌形。同时左腿向右屈膝抬起空悬；右腿随势屈膝独立。目视左侧。（图1–2）

用法：乙方晃身而动，突然进身，准备击打甲方。甲方随势抬起左腿向右旋闪进身的同时，双臂弧线滚拢按掌，做好身前的防护。（图1–2用法）

图1–2   图1–2 用法

2. **练法**：上动不停。身体向左拧旋上起的同时，左臂内旋，向左往上经面前弧线滚臂上翻缠拢，掌置于身前左侧，掌沿向左，掌心向下，成虎爪掌形；右臂外旋，向右往上弧线滚臂扬掌，掌置于身体右侧上方，掌心向上，成虎爪掌形。同时左腿屈膝向前摆脚落步；右腿随势抬起空悬。目视左掌方向。（图1–3）

图1–3

用法：上动不停。乙方左腿前迈进身的同时，用左臂冲打甲之头部。甲方随势在身体左拧、左腿屈膝向前摆脚落步、右腿随势抬起进身的同时，用左臂向左弧线滚臂翻缠乙之左臂，使其身体侧倾，右臂向右往上弧线屈肘扬掌，做好下一步进身攻击的准备。（图1–3用法）

图1–3　用法

9

3. **练法**：上动不停。身体向左拧旋下伏的同时，左臂内旋，向左往下弧线缠拢捋带，掌置于腰前左侧，掌沿向外，掌心向下，成鹰爪掌形；右臂外旋，向左往下弧线屈肘掩砸，掌置于面前右侧，掌指斜形向上，掌沿向左，成虎爪掌形。同时左腿屈膝向左拧旋，脚掌向外碾，足跟往里旋；右腿随势向前弧线扣脚落步。目视右掌方向。（图1-4及其附图）

图1-4   图1-4　附图

用法：在上动的基础上，甲方抓住乙方身体重心不稳的时机，在身体向左拧旋下伏的同时，用左臂向左往下弧线缠拢乙之左臂，顺势捋其腕部，用右臂屈肘向左往下弧线掩砸其后脑时，右腿随势向前弧线扣脚落步，掩压其左腿，使其失去反抗能力。（图1-4用法1及其附图）

甲方用上述招术攻击乙方时，乙身体右闪右腿后移，避开甲方右肘的掩砸。（图1-4用法2）

图1-4 用法1　　　　　　图1-4 用法1附图

图1-4 用法2

4. **练法**：上动不停。身体向右拧旋坐顶的同时，右臂内旋，向右往后弧线屈肘滚顶于胯旁，尔后以肘带手，由下向上滚臂拧点，掌置于身体右侧，掌指向右，掌心向下，成二指掌形；左臂随势向右弧线推按点扎，掌置于腰前右侧，掌指向右，成二指掌形。同时双腿屈膝向右拧旋叠坐，左脚掌向里碾，足跟往外旋；右脚掌向外碾，足跟往里旋。目视右前方。（图1-5）

用法：在上动的基础上，甲方乘乙方被动之机，在身体向右拧旋坐顶的同时，右腿滚压乙之左腿膝关节，双腿向右屈膝叠坐。同时用右臂向右往后屈肘顶打其左肋，顺势由下向上拧点其胸或喉部，左臂随势向右推按其左臂，点扎其左肋，将其击倒。（图1-5用法）

图1-5　　　　　　　　图1-5　用法

第1至第4个动作的练法与用法要点

这是个旋闪翻缠、掩压拧点的招术。双臂在旋闪进身中翻缠，在翻缠的劲势中，实施左臂拢捋、右臂屈肘掩砸、右腿扣步掩压，继而双腿屈膝叠坐拧点的招术。动作要环环相连，有起有伏。臂缠如蛇身，叠坐如蛇盘。

在用法上，甲方本着"彼若不动我意先动，彼若先动我随术动"的战术思想，针对乙之左臂的击打，采取了闪身而进的同时，用左臂滚臂翻缠的圆旋之力应对之，突出了阴阳八卦掌封进一体的战术特点，迫使其被动。继而甲方续身而进，实施腿掩、臂砸的掩压拧点招术。交手中，要有"哪里接触哪里打"的战术思想。

5. **练法**：接上势。身体向左拧旋上起的同时，右臂外旋，向左往上弧线滚臂缠拢，掌置于面前右侧，掌指向前，掌心斜形向上，成虎爪掌形；左臂内旋，随势而动，屈肘拢掌于胸前，掌沿向外，掌心向下，成虎爪掌形。同时左腿屈膝左拧，脚掌向外碾，足跟往里旋；右腿屈膝左旋，脚掌向里碾，足跟往外旋。目视右前方。（图1-6及其附图）

图1-6　　　　　　　图1-6　附图

用法：乙方击步向前，用右臂劈打甲之头部。甲方随乙之势，身体向左拧旋上起的同时，用右臂借助于双腿左拧之力向左往上弧线滚臂缠拢其右臂。左臂做好身前防护。（图1-6用法）

图1-6　用法

6. **练法：**上动不停。身体向右拧旋下伏的同时，右臂内旋，向右往后弧线滚臂缠捋，掌置于胸前，掌沿向外，掌心向下，成鹰爪掌形；左臂外旋，向右往下弧线滚臂旋掌，掌置于腹前，掌沿向内，掌心向上，成虎爪掌形。同时右腿屈膝右拧独立，脚掌向外碾，足跟往里旋；左腿随势抬起，掩膝空悬。目视左前方。（图1-7）

图1-7

用法：在上动的基础上，甲方在身体向右拧旋下伏的同时，用右臂向右往后弧线滚臂缠搌乙之右臂。左掌置于腹前，左腿随势抬起，准备进身攻击。（图1-7用法）

图1-7　用法

7. **练法：**上动不停。身体继续向右拧旋下伏的同时，右臂随势向右往下搌带，掌置于腰前右侧，掌沿向外，掌心向下，成鹰爪掌形；左臂外旋，向上弧线滚臂穿掌，前臂向外拧翻，掌置于胸前左侧，掌指斜形向上，掌心向上，成二指掌形。同时左腿向前弧线扣脚落步；右腿随势屈膝下蹲。目视左前方。（图1-8）

用法：上动不停。甲方在身体继续向右拧旋下伏、左腿向前弧线扣埋乙之右腿的同时，右臂随势搌抓其右腕向右往下搌带，左臂于其右臂下向上弧线滚穿其身。使其脚下无根。（图1-8用法）

图 1-8 　　　　　　　　　　图 1-8　用法

8. **练法**：上动不停。身体向左拧旋坐顶的同时，左臂外旋，前臂向外拧翻，向左往上弧线滚臂点扎，掌置于身体左侧，掌指斜形向前，掌心向上，成二指掌形；右臂随势向左往前按送，掌置于腹前，掌沿向外，掌心向下，成鹰爪掌形。同时左腿屈膝向左拧拱；右腿屈膝左旋，蹬地助力。目视左前方。（图 1-9）

图 1-9

用法：在上动的基础上，乙方为保持身体平衡而向右拧身往后退。甲方随势在身体向左拧旋坐顶、左腿屈膝拧拱乙之右腿、右脚蹬地助力的同时，左臂屈肘外翻，向左往上弧线滚臂

点扎其喉部，用右掌随势抓其右腕向左按送，将其击倒。（图1-9用法1）

乙方随势拧身而动的同时，右腿屈膝高抬向后闪身，避开甲方的点扎。（图1-9用法2）

图1-9　用法1

图1-9　用法2

17

9. **练法**：上动不停。身体右拧下伏的同时，左臂内旋，向前弧线滚臂屈肘顶挤，掌置于左胯旁，掌心向下，成二指掌形；右臂外旋，向右往上屈肘滚臂翻掌，掌置于胸前右侧，掌指向右，掌心向上，成二指掌形。同时左腿屈膝向右拧旋，脚掌向里碾，足跟往外旋；右腿随势抬起，向后插步空悬。目视左侧。（图1-10）

用法：在上动的基础上，甲方乘乙方被动之机，在身体向右拧旋的同时，左臂屈肘向前弧线滚臂顶挤其肋，使其站立不稳，同时左腿屈膝向右拧旋，右腿随势抬起，准备向后插步进身攻击。（图1-10用法）

图 1-10

图 1-10　用法

10. **练法**：上动不停。身体随势下伏，左腿屈膝左拧；右腿随势向后插步落地的同时，左臂内旋，向前弧线抖臂拧点，前臂内拧，掌置于身体左侧，掌指向左，掌心向后，成二指掌形；右臂外旋，向右往上抖臂穿掌，掌置于身体右侧上方，掌指向右，掌心向上，成二指掌形。同时目视左侧。（图1-11）

图 1-11

用法：在上动的基础上，甲方身体随势下伏，右腿向后插步落地截住乙方后退之路的同时，左臂向前弧线抖臂拧点其胸窝，将其击倒。右臂向右往上抖臂穿掌，以增强左掌的挣裹之力。（图1-11用法1）

图 1-11　用法 1

19

甲方在插步拧点乙身的同时，乙方向右拧腰滚背，右腿屈膝向右往后旋胯转身，避开甲方的攻击。（图1-11用法2）

图1-11　用法2

11. **练法**：上动不停。向右转身下伏的同时，右臂内旋，屈肘向右往后弧线滚臂顶挤，掌置于胯旁右侧，掌心向下，成二指掌形；左臂外旋，向右往上弧线滚臂旋掌，掌置于身体左侧上方，掌心斜形向上，成二指掌形。同时右腿屈膝右拧，脚掌向外碾，足跟往里旋；左腿屈膝右旋，脚掌向里碾，足跟往外旋。目视右侧。（图1-12）

图1-12

用法：在上动的基础上，乙方被迫右腿后落转身，欲用左臂击打甲之肋部。甲方在身体向右往后拧旋下伏紧贴其身的同时，用右臂屈肘向右往后滚臂顶挤其胸，坐胯挤打其左腿，使其身体后坐，无还手之力。（图1–12用法）

图1–12　用法

12. **练法：**上动不停。身体向右拧旋坐顶的同时，右臂内旋，向右往后弧线滚臂拧点，掌置于身体右侧，前臂向内拧翻，掌心向后，掌指斜形向右，成二指掌形；左臂外旋，向左往上抖臂滚穿，掌置于身体左侧上方，前臂向外拧翻，掌指斜形向左，掌心向上，成二指掌形。同时双腿屈膝向右拧旋，畅胸拔顶。目视右侧。（图1–13）

图1–13

21

用法：在上动的基础上，甲乘乙方被动之机，向右拧腰滚背坐顶发力的同时，用右臂以肘带手向右往后弧线滚臂顶打其身，拧点其胸窝，将其击倒。（图1-13用法）

图1-13 用法

第5至第12个动作的练法与用法要点

这是个滚缠穿扎、插步摇点的招术。在滚缠的基础上穿掌点扎，在穿掌点扎的基础上插步摇点。动作要互依互连，借势而行。左臂的拧点要借右腿的后插落步之势，右臂的拧点要借身体的右拧坐顶之力。左右臂的抖臂拧点如摇身之动，其身要拧腰滚背，其势要拧旋起伏，动作要圆活、连续。

在用法上，乙方击步向前，用右臂劈打甲之头部时，甲方遵循"来势勇猛力冲冲，避重就轻术巧攻"的战术思想，用右臂借滚身侧进的圆旋之力，向左往上弧线滚臂拢缠乙之右臂，化解其右臂的直力攻击，尔后借身体右拧之势，右臂缠搌乙之右腕的同时，用左腿屈膝前扣落步埋其右腿，左臂点扎其喉部。当乙方避开甲方攻击时，甲方本着"防中你变我术变，沾连黏随围着转"的战术思想，紧贴其身。继而右腿随势向后插步截其退路，双臂随身体左拧右旋的伏起之势而摇臂点扎之。

第二成手掌（第13至第18个动作）

13. **练法**：接上势。向右拧旋上起进身的同时，右臂先内旋向左往下弧线滚臂缠拢于胯旁，尔后外旋向右往上经面前再向下弧线滚臂翻拢缠按，掌置于身体右侧，掌指向上，掌沿向前，成虎爪掌形；左臂内旋，随势先向右拢掌于腹前右侧，尔后外旋向左往上弧线滚臂展掌，掌置于身体左侧上方，掌心向上，成虎爪掌形。同时右腿屈膝向右拧旋，脚掌向外碾，足跟往里旋；左腿随势抬起，屈膝空悬。目视右前方。（图1-14）

用法：乙方右腿前迈的同时，用右掌击打甲之头部。甲方随势右腿屈膝右拧，左腿抬起旋身而进的同时，右臂向右往上弧线滚臂翻缠乙之右臂，左臂的弧线拢掌做好身前的防护，展掌做好下一步攻击的准备。（图1-14用法）

图1-14　　　　　　　　图1-14　用法

14. **练法**：上动不停。身体向右拧旋下伏的同时，右臂向下弧线滚臂缠拢按压，掌置于腹前，掌沿向外，掌心向下，成虎爪掌形；左臂内旋，向前弧线滚拢，掌置于身前左侧，掌心向下，成虎爪掌形。同时右腿继续屈膝向右拧旋；左腿随势向前屈膝内掩空旋。目视左前方。（图1–15）

用法：在上动的基础上，甲方在右腿继续屈膝右拧旋身而进的同时，用右臂向下弧线滚臂缠拢按压乙之右臂，左腿随势向前屈膝顶挤其胯。左臂向前弧线滚拢，为下一步攻击其身做好准备。（图1–15用法）

图1–15   图1–15　用法

15. **练法**：上动不停。身体向右拧旋下伏的同时，右臂外旋，向下弧线滚臂缠压捋带，掌置于腹前，掌沿向下，掌心向内，成鹰爪掌形；左臂内旋，向前往下弧线屈肘拢臂顶挤拧点，掌置于胯旁左侧，掌指向下，掌心向后，成二指掌形。同时右腿屈膝向右拧旋，脚掌向外碾，足跟往里旋；左腿随势屈

膝向前弧线扣脚落步。目视左掌。（图1-16及其附图）

用法：在上动的基础上，甲方在身体向右拧旋下伏、左腿随势向前弧线扣脚落步、屈膝掩压乙之右腿膝关节的同时，用右臂向下弧线滚臂缠压其右臂，顺势捋带其右腕，用左臂向前往下弧线屈肘拢压顶挤其胸，拧点其下身，使其身向后坐，脚下无根。（图1-16用法及其附图）

图 1-16　　　　　　　　图 1-16　附图

图 1-16　用法　　　　　图 1-16　用法附图

16. **练法**：上动不停。身体向左拧旋坐顶的同时，左臂外旋，向左弧线屈肘顶挤，顺势往上翻臂拧点，掌置于身前左侧，掌指向前，掌心向右，成二指掌形；右臂随势向左往前弧线按推拧点，掌置于腹前，掌指向前，掌心向左，成二指掌形。同时左腿屈膝向左拧拱；右腿屈膝向左拧旋，脚掌向里碾，足跟往外旋，蹬地助力。目视左侧。（图1–17）

用法：上动不停。在乙方被动之时，甲方身体向左拧旋坐顶，左腿屈膝拧拱其右腿，右脚蹬地助力的同时，用左臂屈肘向左弧线顶挤其上身，顺势翻臂拧点其胸，右臂随势向左往前弧线按推其右臂，顺点其肋，将其击倒。（图1–17用法）

图1–17　　　　　　　　　　图1–17　用法

17. **练法**：上动不停。身体向左拧旋坐顶的同时，左臂内旋，向下弧线滚拢，掌置于腰前，掌心向下，成虎爪掌形；右臂内旋，随左臂向左往下弧线拢压之势，从左臂上方，向前滚臂穿扎，掌于身体右侧前伸，掌指向前，掌心向下，成二指掌

形。同时双腿屈膝左拧，右脚蹬地助力。目视前方。（图1-18）

用法：在上动的基础上，乙方拧腰滚背，右腿旋胯高抬后撤落步，避开甲之左臂拧点的同时，用左掌击打甲之胸部。甲方随势在身体向左拧旋坐顶的同时，用左臂拢压乙之左臂，右臂随势向前拧点其胸窝，同时双腿屈膝左拧助力。乙方拧身躲闪，避开甲方右臂的穿扎。（图1-18用法）

图1-18   图1-18　用法

18. **练法：**上动不停。身体向右拧旋坐顶的同时，右臂向右往后弧线沉肘下压，掌置于腰前右侧，掌指向前，掌沿向下，成二指掌形；左臂外旋，向前往上滚臂穿扎，掌置于身体左侧，掌指向前，掌沿向下，成二指掌形。同时双腿略屈膝右拧，右脚蹬地助力。目视前方。（图1-19）

用法：上动不停。甲方随乙方拧身之势，在身体向右拧旋坐顶的同时，用右臂向右往后弧线沉肘下压其左臂，用左臂向前往上滚臂穿扎其喉部，将其击倒。（图1-19用法）

图 1-19

图 1-19   用法

第 13 至第 18 个动作的练法与用法要点

这是个翻缠拧点穿扎的招术。在拧腰滚背身法的支撑下，体现出起伏分明、柔刚收放的动作特点。双臂的翻缠拧点要有旋身而进的冲打劲势，穿扎要有拧旋坐顶的抖臂之力。

在用法上，甲方针对乙方进身右掌的击打，用右臂向右往上弧线滚臂翻缠乙之右臂。动作时要有闪身而进、封进一体的战术意识："闪身"可避开其击打；"进"与"闪身"同步施之，可使其力落空，形成击打其身的主动局面。继而左腿随势前扣掩压乙之右腿的同时，右臂向下捋带其右腕，左臂向前往下拢压顶挤其胸，顺势拧点其下身。动作要有冲顶之力，并做到"哪里接触哪里打"。在乙方闪身之中击打甲方时，甲方双臂的交互封阻与穿扎要迅猛，充分利用腰部的拧旋之力，其势要如白蛇吐信。

第三成手掌（第 19 至第 39 个动作）

19. **练法：** 接上势。身体向右拧腰滚背的同时，左臂外旋，向右往上经面前弧线滚臂缠拢，掌置于身体左侧，掌沿向下，掌心向右，成虎爪掌形；右臂内旋，向右往上弧线屈肘拢按，掌置于右肋旁，掌沿向外，掌心向下，成虎爪掌形。同时双腿屈膝向右拧旋。目视左前方。（图 1–20）

用法： 乙方用左拳击打甲之头部。甲方在身体向右拧腰滚背的同时，用左臂向右弧线滚臂缠拢乙之左臂，右臂向右往上弧线屈肘拢按，做好身前防护。同时双腿屈膝右旋，以增强左臂的滚臂缠拢之力。（图 1–20 用法）

图 1–20

29

图 1-20　用法

20. **练法：**上动不停。身体向左拧腰滚背的同时，左臂内旋，向左弧线滚臂缠捋，掌置于胸前，掌沿向左，掌心向下，成虎爪掌形；右臂外旋翻掌，向左往下屈肘旋臂，掌置于腹前，掌沿向内，掌心向上，成虎爪掌形。同时左腿屈膝左拧独立，脚掌向外碾，足跟往里旋；右腿随势上抬，准备进身攻击。目视前方。（图 1-21）

图 1-21

　　用法：上动不停。甲方身体向左拧腰滚背，右腿随势抬起进身的同时，用左臂向左弧线滚臂缠捋乙之左臂，右臂屈肘翻

掌于腹前，准备滚穿其身。（图1-21用法）

图1-21　用法

21. **练法**：上动不停。身体继续向左拧旋下伏的同时，左臂向左往下弧线屈肘捋带，掌置于腰前左侧，掌沿向外，掌心向下，成鹰爪掌形；右臂外旋，向前弧线滚臂穿掌，掌置于腰前右侧，掌指螺旋向前，掌心向上，成螺旋掌形。同时左腿屈膝左拧，脚掌向外碾，足跟往里旋；右腿随势屈膝向前弧线扣脚落步。目视右侧。（图1-22）

图1-22

用法：上动不停。甲方在身体继续左拧下伏、右腿屈膝向前扣脚落步埋住乙之左腿的同时，左臂向左往下弧线屈肘捋带其左腕，右臂向前弧线滚穿其左臂腋下，使其处于被动之中。（图1-22 用法）

图 1-22　用法

22. **练法：**上动不停。身体向右拧旋坐顶的同时，右臂外旋，向右往上弧线翻臂穿点，掌置于身体右侧，掌指斜形向右，掌心向上，成二指掌形；左臂内旋，屈肘向右弧线送掌，掌置于胸前，掌沿向外，掌心向下，成鹰爪掌形。同时右腿屈膝向右拧拱；左腿屈膝向右拧旋，蹬地助力。目视右前方。（图1-23）

图 1-23

用法：在上动的基础上，甲方在身体向右拧旋坐顶、右腿埋住乙之左腿的同时，右臂于乙之左臂下向右往上弧线翻臂穿点其喉部，用左臂抓捋其左腕，屈肘向右弧线送掌，乙方向后闪，避开甲之右掌的穿点。（图1-23 用法）

图1-23 用法

23. **练法**：上动不停。身体向左拧旋下伏的同时，右臂内旋，向左往下弧线翻臂拧点，掌置于胯旁右侧，掌指向下，掌心向后，成二指掌形；左臂随势向左往下弧线捋按，掌置于腰前，掌心向内，成鹰爪掌形。同时右腿屈膝向左拧掩；左腿屈膝向左拧旋。目视右掌。（图1-24）

图1-24

用法：在上动的基础上，甲方在身体向左拧旋下伏、右腿屈膝向左滚掩乙之左腿的同时，用右臂向左往下弧线翻臂拧点其下身，用左臂向左往下弧线滚臂搌按其左腕。（图1-24用法）

24. **练法：**上动不停。身体向右往后拧旋坐顶的同时，右臂内旋，向右往后弧线滚臂翻点，掌置于身体右侧，掌指向右，掌心向下，成二指掌

图 1-24　用法

形；左臂向右往后弧线送掌，顺势点扎，掌置于腰前右侧，掌指向右，成二指掌形。同时右腿屈膝向右拧拱；左腿随势屈膝向右拧旋，蹬地助力。目视右侧。（图1-25及其附图）

图 1-25　　　　　　　　　图 1-25　附图

34

用法：在上动的基础上，甲方乘乙方被动之机，右腿埋住乙之左腿，身体向右往后拧旋坐顶的同时，右臂从下向上翻点其喉部，用左臂抓其左腕，向右往后弧线抖臂送掌，顺势点扎其身，将其击倒。（图1-25用法）

图1-25　用法

第19至第24个动作的练法与用法要点

这是个缠拢上下翻点的招术。左臂向右的弧线滚臂缠拢及向左的顺势捋拽，要拧腰滚背。右臂向前的弧线滚臂穿掌与右腿的弧线前扣要同步，并借左臂缠拢捋拽之势。右臂向上而后转为向下的弧线翻点，要有拧旋起伏、坐胯拧腰的身法。动作要圆活、协调、一气呵成。

在招法运用中，针对乙方的击打，甲采取以柔克刚的战术应对之。左臂以不同旋向的弧线滚臂缠拢捋拽，使乙之左臂击打落空。右腿随势的弧线前扣进身，形成滚身侧进埋其腿部的局面。右臂上下翻点之。交手中，双目要逼视对方。

25. 练法： 接上势。向右旋身而进的同时，右臂内旋向左往上经顶前而后外旋向右往下弧线滚臂翻缠拢按，掌置于身体右侧，掌指向前，掌心向下，成虎爪掌形；左臂内旋，随势向左往上弧线滚臂拢掌，掌置于身体左侧，掌沿向左，掌心向下，成虎爪掌形。同时右腿随势屈膝右拧，脚掌向外碾，足跟往里旋；左腿抬起，屈膝空悬。目视右前方。（图1-26）

用法： 乙方用右臂击打甲之头部。甲方随势旋身而进的同时，右臂向右弧线滚臂翻缠乙之右臂，左臂的弧线滚臂拢掌，做好身前的防护。同时右腿随势屈膝右拧，左腿抬起，做好下一步进身攻击的准备。（图1-26用法）

图1-26　　　　　　　　　　图1-26　用法

26. 练法： 上动不停。身体向右拧旋下伏的同时，右臂外旋，向右往下弧线滚臂缠拢，顺势抓捋，掌置于腰前右侧，掌指斜形向下，掌心向内，成鹰爪掌形；左臂外旋，向右往上经顶前，尔后内旋向下弧线滚臂拢压掖点，前臂向内拧翻，掌置于胯旁左侧，掌指向下，掌心向后，成二指掌形。同时右腿继续向右拧旋，脚掌向外碾，足跟往里旋；左腿随势屈膝向右往前弧线扣脚落步。目视左掌。（图1-27）

用法：在上动的基础上，甲方身体向右拧旋下伏，左腿随势屈膝向右往前弧线扣脚落步掩压乙之右腿的同时，右臂向右往下弧线滚臂缠拢其右臂，顺势掳其腕部。左臂向右往下弧线滚臂拢压其右臂根部，掖点其下身，使其处于被动之中。（图1-27用法）

图1-27　　　　　　　　　　图1-27　用法

27. **练法：**上动不停。身体向左拧旋坐顶，悠身而起的同时，左臂内旋，向左往上弧线滚臂翻点，掌置于身体左侧，掌指向左，掌心向下，成二指掌形；右臂随势向左弧线送掌，顺势点扎，掌置于腰前，掌指向左，掌心向下，成二指掌形。同时左腿向左拧拱；右腿随势左拧蹬地，脚掌向里碾，足跟往外旋。目视左前方。（图1-28及其附图）

图 1-28   图 1-28　附图

用法：上动不停。甲方左腿埋住乙之右腿向左悠身而起的同时，左臂向左往上弧线滚挤其胸，翻点其喉。右臂随势抓其右腕向左弧线送掌，顺势点扎其身，将其击倒。（图 1-28 用法）

图 1-28　用法

第 25 至第 27 个动作的练法与用法要点

这是个缠拢滚掖翻点的招术，要有旋身而进的气势及拧腰滚背的身法。要求动作圆活、协调，不能停滞，翻臂点扎时要有悠身之感。

在用法上，针对乙方右臂的击打，甲方采取"以柔克刚"闪身而进的滚臂缠拢招术应对之。右臂弧线缠拢其右臂时，要有缠打之意，迫使其被动。左臂拢压掖点要借右臂缠捋、左腿扣掩前冲之势而翻臂点扎之。

28. **练法**：上动不停。向左悠身转体的同时，左臂外旋，向右往上经面前而后内旋向左往下弧线滚臂缠捋，掌置于腰前左侧，掌沿向外，掌心向下，成鹰爪掌形；右臂外旋，向下弧线滚臂旋掌，掌置于腹前，掌心向上，成虎爪掌形。同时左腿屈膝左拧，脚掌向外碾，足跟往里旋；右腿随势抬起，向左往前弧线掩膝顶挤空悬。目视右侧。（图 1–29）

图 1–29

用法：上动不停。乙方于左侧用左拳冲打甲方的胸部。甲方随势向左悠身转体，滚身顶挤其身的同时，左臂向右往上，尔后向左往下弧线滚臂缠捋其左臂，右臂滚挤其背，同时右腿屈膝顶挤其左腿，使其处于被动之中。（图1-29用法）

图 1-29　用法

29. **练法**：上动不停。身体左拧下伏的同时，左臂向左往下弧线捋带，掌置于腹前左侧，掌沿向外，掌心向下，成鹰爪掌形；右臂外旋，向前弧线滚臂穿掌，掌置于腰前右侧，掌心向上，成二指掌形。同时左腿屈膝左拧，脚掌向外碾，足跟往里旋；右腿随势屈膝向前扣脚落步。目视右前方。（图1-30）

图 1-30

用法： 在上动的基础上，甲方在身体左拧下伏、右腿随势屈膝向前扣脚落步掩压乙之左腿的同时，左手向左往下捋带其左腕，右臂向前弧线滚穿于其左臂腋下。（图1-30用法）

图1-30　用法

30. **练法：** 上动不停。身体右旋上起的同时，右臂外旋，向右往上弧线屈肘外翻穿点，掌置于身体右侧，掌心向上，成二指掌形；左臂随势向右送掌，掌置于腰前，掌心向下，成鹰爪掌形。同时右腿屈膝向右拧拱；左腿随势屈膝向右拧旋，蹬地助力。目视右侧。（图1-31及其附图）

图1-31

图1-31　附图

用法： 在上动的基础上，甲方在身体右旋上起、右腿屈膝向右拧拱乙之腿部的同时，左臂搌其左腕，右臂向右往上弧线翻臂滚穿，使力作用于其左臂根部。乙方为保持身体平衡，左腿高抬向甲之身后捯步。甲随其势，左手随势向右送掌，右掌向身后穿点其喉部。将其击倒。（图1-31用法）

图 1-31　用法

第 28 至第 30 个动作的练法与用法要点

这是个悠身缠拢穿点的招术。动作要有拧腰滚背的身法，且做到有起有伏。要意想蛇之行、缠之动，使动作圆活、自然。

用法上，在乙方于左侧用左拳冲打甲之胸部的同时，甲方左臂借向左悠身转体的滚身之势，缠拢搌带乙之左臂，以封进一体的旋冲劲势使其被动。在其被动之中，右腿前扣掩压其腿部，右掌穿点其喉部。交手时要做到"哪里接触哪里打"。

31. **练法**：上动不停。身体向左往后悠身上起的同时，左臂外旋，向左往后弧线摇臂翻打，掌置于胯旁左侧，掌心斜形向上，成虎爪掌形；右臂内旋，向左往上弧线摇臂翻掌，掌置于顶前，掌心向上，成虎爪掌形。同时右腿屈膝向左拧旋独立，脚掌向里碾，足跟往外旋；左腿随势抬起，掩膝空悬。目视左侧。（图1–32）

用法：乙方从身后进身的同时，用右臂击打甲方的腰部。甲方在身体向左往后悠身上起的同时，用左臂向左往下弧线摇臂翻打其右臂，右臂向左往上弧线摇臂翻掌，做好对头部的防护。左腿随势掩膝空悬，其一防止乙方腿部的兜扫或蹬踹，其二为旋胯扣埋进身做好准备。（图1–32用法）

图1–32   图1–32 用法

32. **练法**：上动不停。身体向右拧摇的同时，左臂内旋向右往上经顶前而后向下弧线摇臂翻压，掌置于腹前右侧，掌指向右，掌心向后，成虎爪掌形；右臂外旋，向前往下弧线滚

拢，掌置于胸前，掌沿向下，掌心向内，成虎爪掌形。同时右腿继续屈膝独立；左腿随势悬膝顶挤空悬。目视左侧。（图1–33）

用法：在上动的基础上，甲方在身体向右拧摇，左腿随势悬膝顶挤乙之右腿的同时，用左臂向右往上经顶前而后向下弧线摇臂翻压乙之右臂，右臂向前往下弧线滚拢，做好胸前的防护。（图1–33用法）

图 1–33   图 1–33 用法

33. **练法：**上动不停。身体左拧下伏的同时，左臂内旋，向左往下屈肘顶挤拧点，掌置于胯旁左侧，掌心向左，掌指向下，成二指掌形；右臂内旋，往下弧线搂抓，掌置于腰前，掌沿向外，掌心向下，成鹰爪掌形。同时左腿向前弧线掩膝扣脚落步；右腿随势下蹲。目视左侧。（图1–34）

用法：在上动的基础上，甲方在身体左拧下伏、左腿向前弧线扣脚落步、掩压乙之右腿的同时，右臂随势向下屈肘搂抓

其右腕，左臂向前往下滚压其肩，拧点其下身。（图1-34用法）

图 1-34   图 1-34 用法

34. **练法：**上动不停。身体向左拧旋坐顶的同时，左臂外旋，向左往上弧线滚臂翻点，掌置于胸前左侧，掌心向右，掌指向前，成二指掌形；右臂随势向左抖臂送掌，顺势点扎，掌置于腰前，掌心向下，掌指向前，成二指掌形。同时左腿向左往前屈膝拧拱；右腿随势屈膝左拧，蹬地助力。目视前方。（图1-35）

图 1-35

用法：在上动的基础上，甲方在双腿屈膝左拧助力的同时，用左臂向左往上弧线滚臂翻点乙胸，用右臂抖送其右臂，顺势点扎其身。全身坐顶发力，将其击倒。（图 1-35 用法）

图 1-35　用法

第 31 至第 34 个动作的练法与用法要点

这是个摇臂滚压翻点的招术。要做到"腰如轴立含拧旋"，保持好身体重心的稳定。要求动作圆活、连续，有起有伏，并做到神与意合、手与眼合。

在用法上，针对乙方的身后击打，甲方以向左往后悠身上起的左臂摇臂翻打应对之，采用了上中下三盘的攻防招术：上盘，右臂向左往上弧线摇臂翻掌做好头部的防护；中盘，用左臂向左往下弧线摇臂翻打其右臂；下盘，左腿随势掩膝空悬，防止其腿部的兜扫或蹬踹。实战中，左腿向前弧线扣脚掩压乙之右腿、右臂随势向下屈肘抓掳其右腕、左臂向前往下滚压拧点其身要同时动作，并且要有旋冲之力，以造成其被动局面，随势坐顶翻点之。

35. **练法**：接上势。向右拧腰滚背的同时，左臂外旋，向右往上经面前弧线摇臂拢封，掌置于面前右侧，掌指斜形向上，成二指掌形；右臂随势而动，屈肘拢于腰前，掌指向左，掌心向下，成二指掌形。同时右腿屈膝向右拧旋独立，脚掌向外碾，足跟往里旋；左腿随势抬起，向右兜提空悬。目视左侧。（图1-36）

用法：乙方右腿前迈的同时，用右掌冲打甲之头部。甲方在向右拧腰滚背的同时，用左臂向右弧线摇臂拢封其右臂，右掌做好身前防护。同时左腿向右兜提其右腿，使其右腿被兜起，身向后倾。（图1-36用法）

图1-36   图1-36   用法

36. **练法**：上动不停。身体向左拧旋的同时，左臂内旋，向左往前弧线滚拢拧点，掌置于身体左侧，掌指向左，掌心向下，成二指掌形；右臂随势向左点扎，掌置于腰前左侧，掌指

向左，掌心向下，成二指掌形。同时右腿继续独立；左腿屈膝空悬。目视左前方。（图1-37）

用法：上动不停。甲方随势在身体向左拧旋的同时，用左臂内旋，向左往前弧线滚臂按压乙之右臂，顺势拧点其喉部。右臂随势向左点扎其肋，将其击倒。（图1-37用法）

图1-37   图1-37　用法

37. **练法**：上动不停。身体右拧下伏的同时，左臂外旋，向右弧线屈肘滚臂拢封，掌置于面前左侧，掌指向上，掌心向内，成二指掌形；右臂外旋，随势而动，掌置于腰前右侧，掌指向前，掌心向上，成二指掌形。同时左腿向左弧线扣脚落步；右腿随势下蹲。目视左侧。（图1-38）

用法：乙方击步进身的同时，用右臂冲打甲之胸部。甲方在身体右拧下伏、左腿向左弧线扣脚落步的同时，用左臂向右弧线屈肘滚臂拢封其右臂，以圆旋之力撼其身体重心。（图1-38用法及其附图）

图 1-38

图 1-38 用法

图 1-38 用法附图

38. **练法**：上动不停。身体向左拧旋坐顶的同时，左臂内旋，向左往后下弧线屈肘挂带，掌置于胸前左侧，掌指斜形向下，成二指掌形；右臂外旋，随势屈肘前点，掌置于腰前右侧，掌指向前，掌心向上，成二指掌形。同时左腿屈膝左拧，脚掌向外碾，足跟往里旋；右腿屈膝左旋，脚掌向里碾，足跟往外旋。目视右侧。（图1-39）

图1-39

用法：在上动的基础上，乙方右臂内旋向右用力应对甲之左臂的滚拢。甲方随势在身体向左拧旋坐顶的同时，左臂向左往后下弧线屈肘内旋挂其右臂，右臂随势点扎其胸窝。同时双腿屈膝左拧助力。（图1-39用法及其附图）

图1-39　用法

图1-39　用法附图

39. **练法**：上动不停。身体向左拧旋坐顶的同时，左臂内旋，继续向左往后弧线屈肘抖臂挂带，掌置于胸前左侧；右臂内旋，向右往前弧线抖臂拧点，掌置于腰前右侧。同时双腿屈膝左拧助力。坐顶发力后，身体自然右旋，双腿自然屈膝右拧，双臂自然外旋回收，均为二指掌形。二目贯神视右侧。成蛇形掌势。（图1-40）

用法：上动不停，乙方为维持身体平衡向右挣拧。甲随乙势，在向左拧旋坐顶的同时，以左臂向左往后弧线屈肘抖臂挂带乙之右臂，用右臂向右往前弧线抖臂拧点其胸窝。同时双腿屈膝左旋助力，将其击倒。定势后成蛇形掌势。（图1-40用法）

图1-40

图1-40　用法

第35至第39个动作的练法与用法要点

这是个摇拢兜提、滚拢挂点的招术。左臂向右的弧线摇臂拢封，左腿向右的兜提，要做到以腰为轴，身滚、臂摇、胯旋。滚拢挂点是上动摇拢兜提的续势招术，要借势施之。动作时要拧腰滚背，侧身与之相对。要求动作圆活、连续，一气呵成。

在用法上，甲方本着"彼若不动，我意先动；彼若先动，术变随动"的战术思想，视与乙之距离、观乙之神态而击之。甲方针对乙之右腿前迈未稳之机，在向右滚身的同时，左腿兜提其右腿，左臂摇臂拢封其右臂，尔后随势拧点其喉。甲方又本着"你强我柔，你漏我钻"的战术思想，采取以滚身侧进的圆旋之力，双臂滚拢挂点。

第二势掌——蛇穿翻臂转身掌

第一成手掌（第 1 至第 15 个动作）

1. **练法：**由蛇形掌势开始。（图 2-1）

用法：甲乙双方拉开战势，甲方为蛇形掌势；乙方左掌前伸，右掌置于胸前。双方对视。（图 2-1 用法）

图 2-1   图 2-1　用法

　　练法：向左旋闪悠身而动的同时，右臂内旋，向左屈肘滚臂翻缠，前臂向内拧翻，掌置于腹前右侧，掌指向下，掌心向左，成虎爪掌形；左臂随势而动，掌拢于腰前，掌沿向外，掌心向下，成虎爪掌形。同时右腿抬起，向左掩膝空悬；左腿随势屈膝独立。目视右侧。（图 2-2）

用法：乙方右腿前迈进身的同时，用右臂冲打甲之胸部。甲方身向左闪的同时，用右臂向左屈肘滚臂翻缠其右臂，左掌拢于腰前，做好上身的防护。同时右腿随势抬起，向左掩膝空悬，做好进身攻击的准备。（图2-2用法）

图2-2　　　　　　　图2-2　用法

2. **练法**：上动不停。身体向右拧旋的同时，右臂外旋，向右往上弧线翻臂缠拢，掌置于身体右侧，掌指斜形向上，掌心向左，成虎爪掌形；左臂内旋，向左弧线拢按，掌置于左肋前，掌沿向外，掌心向下，成虎爪掌形。同时右腿向左往前弧线摆脚落步；左脚随势蹬地助力。目视右前方。（图2-3）

图2-3

用法：在上动的基础上，右臂借右腿向左往前弧线摆脚落步的旋进之势，向右往上弧线翻臂缠拢乙之右臂，以圆旋之力使其重心不稳。（图 2-3 用法）

3. **练法：**上动不停。向右拧旋下伏，旋身而进的同时，右臂外旋，向右往下弧线滚臂缠拢，顺势抓捋，掌置于腰前，掌沿向外，掌指向左，掌心向下，成鹰爪掌

图 2-3 用法

形；左臂外旋，向右往上经顶前而后内旋向下弧线滚臂拢压，掌置于胯旁左侧，掌指斜形向下，掌心向后，成二指掌形。同时右腿屈膝右拧，脚掌向外碾，足跟往里旋；左腿随势抬起，屈膝向右掩膝空悬。目视左侧。（图 2-4 及其附图）

图 2-4

图 2-4 附图

用法：在上动的基础上，甲方右拧下伏，旋身而进的同时，右臂向右往下弧线缠拢乙之右臂，顺势抓掳其腕部；左臂向右往前弧线滚臂拢压，顶挤其身，准备点扎其下身。同时用左腿屈膝掩压其右腿，使其处于被动之中。（图2-4用法及其附图）

图2-4　用法　　　　　　　　图2-4　用法附图

4. **练法：**上动不停。身体继续右拧下伏的同时，右臂向右往下掳带，掌置于腰前右侧，掌心向下，成鹰爪掌形；左臂随势向前往下点扎，掌置于左胯前，掌指斜形向下，掌心向后，成二指掌形。同时左腿屈膝向前扣脚落步；右腿随势下蹲。目视左掌。（图2-5及其附图）

用法：在上动的基础上，甲方在身体继续右拧下伏、左腿屈膝向前扣脚落步掩压乙之右腿的同时，右手抓掳其右腕往右按带，左臂随势向前点扎其下身，使其身向后坐。（图2-5用法及其附图）

图 2-5　　　　　　　　　　图 2-5　附图

图 2-5　用法　　　　　　　图 2-5　用法附图

5. **练法**：上动不停。身体左拧上起的同时，左臂内旋，向左往上弧线滚臂拧点，前臂向内拧翻，掌置于身体左侧，掌指向左，掌心向外，成二指掌形；右臂随势向左弧线送掌，顺势点扎，掌置于腰前左侧，掌沿向下，掌指向左，成二指掌形。同时左腿屈膝左拧；右脚随势蹬地助力。目视左侧。（图2-6）

图2-6

用法：在上动的基础上，甲方在身体左拧上起、左腿屈膝向左拧拱乙之右腿、右脚随势蹬地助力的同时，左臂向左往上弧线滚臂拧点其喉，右臂抓其右腕，随势向左送掌，顺势点扎其身，将其击倒。（图2-6用法1）

甲方实施上述招术时，乙方向右拧腰滚背，右腿拧胯抬起，避开甲方的拧点。（图2-6用法2）

图2-6 用法1   图2-6 用法2

第1至第5个动作的练法与用法要点

这是个悠身翻缠拧点的招术。要表现出悠身而动、旋闪而进的劲势。动作要圆活、连续，有起有伏，并做到神与意合、手与眼合。

在实战中，双方对视时，全身要放松，以侧身相对。双掌可分置于身前上下位置，做好身前的防护。步法站立要自然，步幅不宜过大，以免影响移动的速度而导致手法运用得不灵活。"图2-1用法"中甲方的"蛇形掌势"表示了武术文化的表现形式。

在用法上，甲方针对乙方右臂的冲打，本着以柔克刚的战术思想，以悠身而动、旋闪而进的右臂滚臂翻缠制约其右臂的攻击，继而右手捋其右腕，左臂随势向前滚臂拢压其上身，同时右腿前扣掩压其右腿，使其身体重心失衡而被击。动作中，要运用拧腰滚背的身法，表现旋动冲击之势。

6. **练法：**上动不停。向右拧旋的同时，左臂外旋，向右弧线滚臂缠拢，掌置于身体左侧，掌心向上，成虎爪掌形；右臂内旋，屈肘向右弧线拢按，掌置于身体右侧，掌心向外，成虎爪掌形。同时双腿屈膝右拧。目视左侧。（图 2-7 及其附图）

图 2-7

图 2-7　附图

用法：在上动的基础上，乙方拧身而动右腿后撤的同时，用左臂击打甲之胸部。甲方随势向右拧腰滚背，双腿屈膝右拧助力的同时，用左臂向右弧线滚臂缠拢乙之左臂，以圆旋之力作用于其左臂根部。（图 2-7 用法）

7. **练法：**上动不停。向左悠身而动的同时，左臂内旋，向左往下弧线滚臂缠拢，

图 2-7　用法

顺势捋带，掌置于腹前左侧，掌沿向外，掌心向下，成鹰爪掌形；右臂外旋，向左往下经胯旁而后向上经左臂内往前弧线滚臂穿掌，掌置于身体右侧，掌指向右，掌心向上，成二指掌形。同时左腿屈膝左拧，脚掌向外碾，足跟往里旋；右腿随势抬起，向前弧线扣脚落步。目视右侧。（图 2-8）

用法：在上动的基础上，甲方在向左悠身而动、右腿随势向前弧线扣埋乙之左腿的同时，左臂向左往下弧线滚臂缠拢其左臂，顺势抓其腕部往后捋带，右臂随势向前下弧线滚穿，前臂外翻滚挤其左上臂。（图 2-8 用法）

图 2-8   图 2-8　用法

8. **练法：**上动不停。身体右拧上起的同时，右臂外旋，向右往上弧线滚穿点扎，前臂向外拧翻，掌置于身体右侧，掌心向上，成二指掌形；左臂随势屈肘捋拽，掌置于腰前左侧，掌沿向外，掌心向下，成鹰爪掌形。同时双腿屈膝右拧。目视右侧。（图 2-9）

用法：甲方在身体右拧上起、右腿屈膝埋住乙之左腿的同时，用左手屈肘捋拽其左腕，右臂向右往上弧线滚穿点扎其喉部。乙方在头向后闪的同时，用右手封阻甲之右掌。（图2-9用法）

图2-9　　　　　　　　　　图2-9　用法

9. **练法：**上动不停。身体向右悠身坐顶的同时，右臂内旋屈肘下翻，尔后以肘带手向右往上弧线翻臂点扎，掌置于身体右侧，掌指向右，掌心向下，成二指掌形；左臂向右送掌顺势点扎，掌置于右肋旁，掌指向右，成二指掌形。同时右腿屈膝向右拧拱；左腿随势屈膝向右拧旋，蹬地助力。目视右侧。（图2-10及其附图）

用法：在上动的基础上，甲方在乙方因被动而向左拧旋下伏抬起左腿向甲方身后移步的同时，随势向右悠身坐顶，右臂屈肘下翻，尔后以肘带手向右往上弧线顶打其肋，翻点其喉，左臂向右送其左臂，顺势点扎其身，双腿屈膝右拧助力，将其击倒。（图2-10用法）

图 2-10　　　　　　　　图 2-10　附图

图 2-10　用法

第 6 至第 9 个动作的练法与用法要点

这是个缠拢穿扎翻点的招术。右腿向前的弧线扣脚落步要借左臂弧线的缠拢掳带之势，右臂向前的弧线滚穿点扎要借右腿前扣落步之势，右臂的翻点要借右臂的滚穿点扎之势。动作要环环相连，丝丝相扣。

在用法上，甲方采取旋身而进的左臂弧线缠拢捋带应对乙之左臂的击打。左臂的弧线缠拢要撼其身体重心，为右腿向前的弧线扣埋其左腿与右臂滚穿点扎其身打下基础，在其被动时，右臂翻点之。

10. **练法：**上动不停。向左拧身上起的同时，左臂内旋，向左弧线屈肘滚臂拢掌，掌置于胸前左侧，掌沿向外，掌心向下，成虎爪掌形；右臂外旋，向左往上经面前弧线屈肘滚臂缠拢，掌置于身体右侧，掌心斜形向上，成虎爪掌形。同时双腿屈膝左拧。目视右侧。（图2-11）

用法：乙方用右臂冲打甲之头部。甲方在向左拧身上起的同时，用右臂向左弧线屈肘滚臂缠拢其右臂，左臂向左弧线屈肘滚臂拢掌，做好身前防护。同时双腿屈膝左拧，增强双臂之力。（图2-11用法）

图2-11　　　　　　　　　图2-11　用法

11. **练法**：上动不停。身体右拧下伏的同时，右臂内旋，向右下弧线缠拢，掌置于身体右侧，掌心向下，掌指向前，成鹰爪掌形；左臂随势外旋翻掌，掌置于左肋旁，掌心斜形向上，成虎爪掌形。同时双腿屈膝右拧，左脚蹬地助力。目视右侧。（图2-12）

用法：在上动的基础上，甲方在身体右拧下伏的同时，右臂向右弧线缠拢乙之右臂，借助于双腿屈膝右拧之势旋力向前，使其重心不稳。（图2-12用法）

图2-12   图2-12　用法

12. **练法**：上动不停。身向右拧悠身下伏的同时，右臂外旋，向右往下弧线滚臂缠捋，掌置于腰前右侧，掌沿向右，掌心向下，成鹰爪掌形；左臂外旋，向前弧线滚臂穿掌，掌置于身体左侧，掌指斜形向前，掌心向上，成二指掌形。同时右腿屈膝向右拧旋，脚掌向外碾，足跟往里旋；左腿随势抬起，屈膝向前弧线扣脚落步。目视左侧。（图2-13及其附图）

图 2-13 图 2-13 附图

用法：在上动的基础上。甲方在身向右拧悠身下伏的同时，右臂向右往下弧线滚臂缠搦乙之右腕，左臂随势向前滚穿其右臂腋下。同时左腿随势屈膝向前弧线扣埋其右腿。（图2-13用法及其附图）

图 2-13 用法 图 2-13 用法附图

13. **练法**：上动不停。身体向左拧旋上起的同时，左臂外旋，向左往上弧线翻臂穿点，掌置于身体左侧，掌指向左，掌心斜形向上，成二指掌形；右臂随势捋拽，掌置于胸前右侧，掌沿向外，掌心向下，成鹰爪掌形。同时双腿屈膝向左拧旋。目视左侧。（图2-14）

用法：在上动的基础上，甲方左腿埋住乙之右腿，身体向左拧旋上起的同时，右手捋拽其右腕，左臂向左往上弧线翻点其喉部，乙方身向后仰，避开甲之左掌的穿点。（图2-14用法）

图2-14　　　　　　　　图2-14　用法

14. **练法**：上动不停。身体左拧下伏的同时，左臂内旋，向下弧线屈肘滚臂翻掌，掌置于左胯旁，掌指向下，掌心向后，成二指掌形；右臂随势屈肘捋拽，掌沿向外，掌心向下，成鹰爪掌形。同时双腿随势屈膝左拧。目视左掌。（图2-15）

用法：在上动的基础上，甲方在左腿埋住乙之右腿的同

时，右手捋拽其右腕，左臂向下往左弧线屈肘顶挤其胸肋，使其身向后坐。（图2-15用法）

图2-15　　　　　　　图2-15　用法

15. **练法**：上动不停。身体向左悠身上起的同时，左臂内旋，以肘带手向左往上弧线滚臂翻点，掌置于身体左侧，掌指向左，掌心向后，成二指掌形；右臂向左送掌，顺势抖臂点扎，掌置于胸前左侧，掌指向左，掌心向下，成二指掌形。同时双腿屈膝左拧。目视左前方。（图2-16）

用法：上动不停。甲方乘乙后坐之机，向左悠身上起的

图2-16

68

同时，左臂以肘带手向左往上肘顶其胸，翻点其喉。右臂随势向左送其右臂，顺点其身，将其击倒。（图2-16用法）

图 2-16 用法

第 10 至第 15 个动作的练法与用法要点

这是个悠身缠捋翻点的招术。悠身缠拢捋拽要拧腰滚背，左腿前扣进身要借右臂的弧线缠捋之势，左臂的弧线翻臂点扎要借身体的圆旋起伏之力。动作要圆活、连续，要有悠身旋进的气势。

在用法上，甲方采取悠身旋进的身法应对乙方进身的冲打，用右臂向左弧线缠拢其右臂时，腰要拧，背要滚，臂要旋，侧身对之。左腿屈膝扣埋其右腿时要有膝打掩压之力，迫使其身体重心不稳，在其被动之中，实施左臂的上下翻点招术。

第二成手掌（第16至第22个动作）

16. **练法**：上动不停。向右转身上起的同时，右臂内旋，向右往后经顶前弧线滚臂旋缠，掌置于身体右侧，掌沿向右，掌心向左，成虎爪掌形；左臂外旋，向右上弧线滚拢于胸前右侧，尔后内旋向左下弧线旋按，掌置于身体左侧，掌心向下，成虎爪掌形。同时右腿随势抬起，向左屈膝空悬；左腿随势屈膝右拧独立。目视右侧。（图2-17）

用法：乙方于身后用左臂劈打甲之头部，甲方在向右转身上起右腿随势屈膝空悬的同时，用右臂向右往后弧线滚臂旋缠乙之左臂，以圆旋之力作用于其左臂根部，使其身体后倾。左臂滚拢旋按做好身前的防护。（图2-17用法）

图2-17

图2-17　用法

17. **练法**：上动不停。身体向左拧旋下伏的同时，右臂外旋，向左往下弧线滚臂缠拢，掌置于身体右侧，掌指向前，掌心向上，成虎爪掌形；左臂外旋，向右往上经面前，尔后内旋，向下弧线滚臂拢掳，掌置于腰前左侧，掌沿向外，掌心向下，成鹰爪掌形。同时左腿屈膝左拧支撑独立；右腿随势内掩空悬。目视右侧。（图2-18及其附图）

图 2-18

图 2-18　附图

用法：在上动的基础上，甲方在身体向左拧旋下伏的同时，右臂向左往下弧线滚臂缠拢乙之左臂，左臂顺势向下弧线

滚臂拢掳其左腕，同时右腿随势屈膝内掩，滚挤其左腿，并做好下一步进身攻击的准备。（图2-18用法及其附图）

图2-18　用法　　　　　　　　图2-18　用法附图

18. **练法**：上动不停。身体向右拧旋上起的同时，右臂外旋，向右往前弧线滚臂冲点，掌置于身体右侧，掌指向前，掌心向上，成二指掌形；左臂随势屈肘下按，掌置于腰前，掌指向前，掌心向下，成鹰爪掌形。同时右腿向前冲扣落步；左腿随势右拧，蹬地助力。目视右前方。（图2-19）

图2-19

用法：在上动的基础上。甲方在身体向右拧旋上起、右腿向前冲扣落步进身、埋其左腿的同时，右臂置于其肘关节下方向右往前弧线滚臂冲点其喉部，左手随势下按其左腕，成折臂之势，使其身后仰摔倒。（图 2-19 用法 1）

乙方向后闪身，避开甲方右掌的冲点。（图 2-19 用法 2）

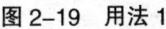

图 2-19　用法 1　　　　　　　图 2-19　用法 2

第 16 至第 18 个动作的练法与用法要点

这是个转身旋缠冲点的招术。右臂向右往后的弧线滚臂旋缠，要依靠向右转身的起伏之旋力。右臂向右往前弧线滚臂冲点，左臂随势屈肘下按，要借右腿向前扣脚落步的前冲之势。要求动作圆活、协调，一气呵成。

在用法上，对于乙方的身后击打，甲方只能凭感觉而实施招术，绝对不能等到乙方左臂劈下来时再还击。这里甲方采取的是向右转身上起，以手开路的上中下三盘的攻防态势应对的。实战中，用右臂向右往后弧线滚臂旋缠其左臂时，要以腰为轴，腰拧、背滚、臂旋，并注意动作中旋向及高低的变化，

以拧旋起伏之力使其身体重心
不稳，为右腿前扣埋其左腿的
同时冲点其喉打下基础。

19. **练法**：上动不停。身
体略向右拧的同时，右臂内旋
翻掌，以肘带手，向右往前滚
臂拧点，掌置于身体右侧，掌
指向前，成二指掌形；左臂外
旋翻掌，屈肘于腰前左侧，掌
指向前，掌心向上，成二指掌
形。同时双腿略向右拧。目视
右前方。（图2-20及其附图）

图2-20

图2-20　附图

　　用法：在上动的基础上，甲方随势身体略向右拧，右腿截
住乙之左腿的同时，右臂内旋翻掌屈肘向前顶挤其肋，拧点其

胸窝，使其身后倾。左臂屈肘于腰前，准备攻击其身。（图2-20 用法及其附图）

图 2-20 用法

图 2-20 用法附图

20. **练法：**上动不停。向前悠身上起的同时，左臂随势向前冲点，掌置于胸前，掌指向前，掌心向上，成二指掌形；右臂屈肘下拢，掌置于腰前，掌指向左，掌心向下，成虎爪掌形。同时左腿随势抬起，向前蹬踹空悬；右腿随势屈膝独立。目视前方。（图 2-21 及其附图）

图 2-21

图 2-21　附图

用法：在上动的基础上，甲方乘乙方退身未稳之机，向前悠身上起，左腿向前蹬踹其腹部的同时，用左臂向前冲点其喉部，将其击倒。（图 2-21 用法 1）

图 2-21　用法 1

乙方左腿拧胯提膝，向左闪身而退，避开甲方的攻击（图 2-21 用法 2）

图 2-21　用法 2

21. **练法**：上动不停。身体向右拧旋下伏的同时，左臂内旋，向前弧线滚臂拢点，掌置于胯的左侧，掌指向下，掌心向后，成二指掌形；右臂外旋，屈肘翻掌置于胸前，掌心向上，成二指掌形。同时左腿前扣落步，屈膝右拧；右腿随势抬起，屈膝后插空悬。目视左侧。（图 2-22）

图 2-22

用法：上动不停。甲方乘乙方退身未稳之机，在身体向右拧旋下伏、左腿前扣落步、右腿随势抬起后插进身的同时，用左臂向前滚拢下压其上身，右臂做好胸前防护。乙方在甲方旋身冲击之下，即将摔倒。（图2-22用法）

图2-22　用法

22. **练法**：上动不停。身体随势下伏的同时，左掌向左往前弧线抖臂冲点，掌置于身体左侧，掌指向左，掌心向后，成二指掌形；右臂外旋，向右往上弧线抖臂穿掌，掌置于身体右侧，掌指向右，掌心向上，成二指掌形。同时右腿随势向后插步落地；左腿屈膝下蹲。目视左侧。（图2-23）

图2-23

用法：在上动的基础上，甲方身体随势下伏，右腿向后插步落地进身，截住乙腿部的同时，随势用左掌向左往前弧线冲点其胸，将其击倒。右臂的抖动穿掌，增强甲之左臂的挣裹之力。（图2-23用法）

图2-23　用法

第19至第22个动作的练法与用法要点

这是个悠身蹬踹冲点的招术，也是转身旋缠冲点的续动招术。右腿随势向前蹬踹要有悠身而进的冲顶身法。左腿前扣、右腿随势抬起后插落步的同时，左臂向左往前弧线抖臂冲点，要有追击的续进之势。

在用法上，甲方左臂随势向前冲点，左腿随势向前蹬踹乙方时，要建立在乙方被迫退身或身体重心失衡的基础上。左腿前扣落步，右腿随势抬起后插落步截其腿部的同时，左臂向左往前弧线抖臂冲点其身，要有"沾连黏随"的跟进意识，乘虚而击之。

第三成手掌（第 23 至第 39 个动作）

23. **练法：**上动不停。向右往后摇身坐顶的同时，右臂内旋，向右往后弧线屈肘滚臂拢压，掌置于腰前，掌指向左，掌心向下，成二指掌形；左臂外旋，随势向右屈肘滚臂，掌置于身体左侧，掌指向左，掌心向下，成二指掌形。同时右腿屈膝向右拧拱，脚掌向外碾，足跟往里旋；左腿随势屈膝右旋，脚掌向里碾，足跟往外旋。目视右侧。（图 2-24 及其附图）

图 2-24   图 2-24 附图

用法：乙方于身后用左臂击打甲方腰部。甲方向右往后摇身坐顶，双腿屈膝右拧助力的同时，右臂向右往后弧线屈肘滚臂拢压其左臂，以圆旋之力迫使其身体后倾，右腿被迫后移，左腿被甲之右腿截住。（图 2-24 用法及其附图）

图 2-24 用法   图 2-24 用法附图

24. **练法**：上动不停。身
体右拧坐顶发力的同时，右
臂内旋，向右往前弧线滚臂
拧点，掌置于身体右侧，掌
指向右，掌沿向上，成二指
掌形；左臂外旋，向左往上
抖臂穿点，掌置于身体左侧，
掌指向左，掌心向上，成二
指掌形。同时右腿继续向右
拧拱，脚掌向外碾，足跟往
里旋；左腿继续屈膝右旋，
蹬地助力，脚掌向里碾，足
跟往外旋。目视右侧。（图 2-25）

图 2-25

81

用法：在上动的基础上。甲方身体右拧坐顶发力，右腿拧拱乙之左腿的同时，用右臂向右往前以肘带手，肘顶其胸，掌点其喉，全身抖动发力，将其击倒。（图2-25 用法）

图2-25　用法

第23至第24个动作的练法与用法要点

这是个摇身拢压拧点的招术。要体现出以腰为轴，节节贯通的劲势，动作要圆活、协调，突出拧旋坐顶的身法。

在用法上，甲方应对身后乙之左臂的击打，采用以手开路，摇身拢压的招术应对之。在其被动时，右掌顺势拧点之。摇身拢压与顺势拧点要一气呵成。

25. **练法：**上动不停。身体向左拧腰滚背的同时，右臂外旋，向左往上经面前弧线滚臂缠拢，掌置于胸前右侧，掌沿向下，掌心向左，成虎爪掌形；左臂内旋，向左弧线屈肘拢按，掌置于胸前左侧，掌沿向上，掌心向外，成虎爪掌形。同时双腿屈膝向左拧旋。目视右前方。（图2-26及其附图）

图 2-26　　　　　　　　图 2-26　附图

　　用法： 乙方进身用右臂击打甲之头部。甲方随势向左拧腰滚背，右臂向左弧线滚臂缠拢乙之右臂，同时双腿屈膝左拧，助右臂缠拢之力。（图 2-26 用法及其附图）

图 2-26　用法　　　　　　图 2-26　用法附图

26. **练法**：上动不停。甲方向右拧身下伏的同时，右臂内旋，向右往下弧线滚臂缠拢，顺势抓捋，掌置于腰前右侧，掌沿向外，掌心向下，成鹰爪掌形；左臂外旋，随势向右往前弧线滚臂穿掌，掌置于胸前左侧，掌指螺旋向前，掌心向上，成螺旋掌形。同时右腿屈膝向右拧旋，脚掌向外碾，足跟往里旋；左腿随势抬起，向前弧线扣脚落步。目视左侧。（图2–27及其附图）

图 2–27   图 2–27 附图

用法：在上动的基础上，甲之右臂的缠拢触动乙之根部，迫使其左腿后移。甲方随势身体向右滚身下伏，左腿抬起前扣落步，截其右腿的同时，右臂向右往下弧线缠拢其右臂，顺势捋其腕部，左臂随势滚穿其右臂腋下。（图2–27用法及其附图）

图 2-27 用法

图 2-27 用法附图

27. **练法**：上动不停。身体向左拧旋上起的同时，左臂外旋，向左弧线滚臂上翻穿掌，掌置于身体左侧上方，掌指螺旋斜形向前，掌心向上，成螺旋掌形；右臂内旋，向右弧线屈肘拢掌，掌置于身体右侧，掌沿向上，掌心向后，成虎爪掌形。同时左腿屈膝向左拧拱；右腿屈膝向左拧旋，蹬地助力。目视左侧。（图 2-28）

图 2-28

用法：上动不停。甲方身体向左拧旋上起的同时，用左臂于乙之右臂腋下向左往上弧线滚臂翻穿，双腿向左拧旋，增强左臂翻穿之力，使乙右臂被翻穿而起。（图 2-28 用法）

图 2-28　用法

28. **练法**：上动不停。身体向左拧旋的同时，左臂内旋，向左弧线滚臂下翻缠拢，掌置于胸前左侧，掌沿向下，掌心向右，成鹰爪掌形；右臂随势而动，掌置于身体右侧，掌心向下，成虎爪掌形。同时左腿屈膝左拧独立，脚掌向外碾，足跟往里旋；右腿随势抬起，屈膝空悬。目视左侧。（图 2-29）

图 2-29

用法：上动不停。乙方在甲方左臂的翻穿下，被迫向左拧身，右腿抬起准备旋身扣步的同时，用左臂击打甲方。甲方右

腿抬起，旋身而随的同时，用左臂向左往下弧线滚臂下翻缠拢其左臂。（图 2-29 用法）

图 2-29　用法

29. **练法**：上动不停。身体向左拧旋坐顶的同时，左臂外旋，向下弧线滚臂缠挟，掌置于腰前左侧，掌沿向内，掌心向上，成鹰爪掌形；右臂内旋，向左弧线滚臂旋打，掌置于身体右侧，掌指向前，掌心向下，成二指掌形。同时左腿屈膝左拧，脚掌向外碾，足跟往里旋；右腿随势向前弧线扣脚落步。目视前方。（图 2-30）

图 2-30

用法：上动不停。乙方右腿向前弧线扣脚落步的同时，甲方紧随其身，于是身体左拧，在右腿随势向前弧线扣步的同时，以左臂向下弧线滚臂缠挟乙之左臂，右臂随势向左弧线滚臂围打其颈部，将其击倒。（图 2-30 用法）

图 2-30 用法

第 25 第 29 个动作的练法与用法要点

这是个滚缠翻拢围打的招术。要求动作圆活、协调，要体现出拧腰滚背的身法及旋身而动的气势。

在用法上，甲方采取右臂的缠拢应对乙之右臂的击打，无论是右臂的缠拢，还是左腿前扣进身的左臂翻穿，都要做到以侧身对之。乙方在甲方左臂的翻穿下，被迫向左拧身而走时，甲方本着"粘连黏随围着转"的战术意识，紧贴其身而围打之。

30. **练法：**上动不停。向右悠身上起的同时，右臂外旋，向右往后弧线滚臂穿打，掌置于身体右侧上方，掌心向上，

成二指掌形；左臂内旋，随势屈肘翻掌于腰前，掌指向右，掌心向下，成虎爪掌形。同时双腿屈膝右拧。目视右侧。（图2-31）

用法：乙方于身后用右臂劈打甲之头部。甲方在悠身右拧的同时，右臂向右往后弧线滚臂穿打其右臂，双腿的屈膝右拧，助右臂的穿打之力。右臂的穿打要触动其右臂根部，撼其身体重心。（图2-31用法）

图2-31　　　　　　　　　　　图2-31　用法

31.**练法：**上动不停。身体右拧下伏的同时，右臂内旋，向右往下弧线屈肘滚臂顶打，掌置于身体右侧，掌指向左，掌心向下，成二指掌形；左臂随势而动，掌置于腰左侧，掌心向下，成虎爪掌形。同时右腿屈膝右拧独立，脚掌向外碾，足跟往里旋；左腿随势抬起空悬。目视右侧。（图2-32）

用法：上动不停。乙方在甲方右臂的穿打下，身向右旋而走的同时，甲方随势而动，在身体右拧下伏、左腿抬起进身的

同时，用右臂向右弧线屈肘滚臂，顶打乙之后腰。（图 2-32 用法）

图 2-32　　　　　　　　　图 2-32　用法

32. **练法**：上动不停。向右拧悠转体的同时，右臂内旋，向右往上弧线屈肘顶打，顺势挣点，掌置于身体右侧，掌心向下，掌指向前，成二指掌形；左臂随势向右弧线点扎，掌置于腰前，掌心向下，掌指向右，成二指掌形。同时右腿屈膝右旋，脚掌向外碾，足跟往里旋；左腿随势向前弧线扣脚落步。目视右侧。（图 2-33）

图 2-33

用法: 在上动的基础上。甲方在身体向右拧旋坐顶,左腿随势向前弧线扣步旋身而进的同时,用右臂向右往上弧线屈肘顶打乙之背部,顺势点扎其腮,左臂随势向右弧线点扎其腰,将其击倒。(图 2-33 用法)

图 2-33 用法

第 30 第 32 个动作的练法与用法要点

这是个悠身转体、穿打挣点的招术。在悠身转体中穿打,在穿打的基础上挣点。要求动作圆活、协调,要体现出悠身而动的旋进气势。

在用法上,甲方采取悠身而动的右臂穿打应对乙之右臂的击打,以滚臂穿打的圆旋之力而使其被动。在其被动而走时,遵循"粘连黏随围着转"的战术思想而屈肘顶打,顺势挣点之。

33. **练法:** 接上势。身体向左拧旋上起的同时,右臂外旋,向左往上经面前弧线滚臂缠拢,掌置于身体右侧,掌指向右，掌心向上，成虎爪掌形；左臂内旋，屈肘向左弧线拢按，掌置于胸前左侧，掌指向右，掌心向外，成虎爪掌形。同时双腿屈膝向左拧旋，左脚掌向外碾，足跟往里旋；右脚掌向里碾，足跟往外旋。目视右侧。（图2-34及其附图）

图 2-34

图 2-34　附图

用法：乙方用右臂击打甲之胸部。甲方身体向左拧旋上起的同时，右臂向左弧线缠拢其右臂，左臂屈肘向左弧线拢按，做好胸前的防护。（图2-34用法）

34. **练法**：上动不停。身体向右拧旋下伏的同时，右臂内旋，向右往下滚臂缠拢，顺势掳抓后带，掌置于腹前右侧，掌沿向外，掌心向下，

图 2-34　用法

成鹰爪掌形；左臂外旋，向右往前经胯旁弧线滚穿，掌置于身体左侧，掌指螺旋向左，掌心向上，成螺旋掌形。同时右腿屈膝右拧，脚掌向外碾，足跟往里旋；左腿随势抬起，屈膝向前弧线扣脚落步。目视左侧。（图2-35）

用法：在上动的基础上。甲方身体向右拧旋下伏，左腿随势抬起，屈膝向前弧线扣埋乙之右腿的同时，用右臂向右往下滚臂缠拢其右臂，顺势捋腕后带，左臂随势向右往前滚穿其右臂腋下，使其处于被动之中。（图2-35用法）

图2-35　　　　　　　　　　图2-35　用法

35. **练法：**上动不停。身体左拧上起的同时，左臂外旋，向左往上弧线滚臂穿点，前臂向外拧翻，掌置于身体左侧，掌心向上，成二指掌形；右臂随势向左送掌，掌置于腰前，掌心向下，成鹰爪掌形。同时双腿屈膝向左拧旋，右脚蹬地助力。目视左侧。（图2-36）

用法：在上动的基础上，甲方左腿埋住乙之右腿，身体左拧上起的同时，左臂于乙之右臂腋下向左往上弧线翻臂穿点其喉部，右臂抓其右腕随势向左送掌。乙方被动之中身向左拧，避开甲之左臂的穿点。（图 2-36 用法）

图 2-36

图 2-36　用法

36. **练法**：上动不停。身体向左拧身下伏的同时，左臂内旋，向左往下弧线翻臂屈肘滚挤，掌置于腰前左侧，掌指向下，掌心向后，成二指掌形；右臂外旋，屈肘翻掌于腰前，掌沿向内，掌心向上，成虎爪掌形。同时左腿屈膝向左拧旋独立；右腿随势抬起，屈膝空悬。目视左侧。（图 2-37 及其附图）

图 2-37

图 2-37　附图

用法： 在上动的基础上，乙方在被动之中向左拧腰滚背的同时，右臂拧拽，脱开甲之右手的抓搂，右腿抬起向左转身而走，欲以左臂击打甲方。甲方紧随，右腿抬起贴靠而行的同时，用左臂翻臂屈肘滚挤其后腰。（图 2-37 用法及其附图）

图 2-37　用法　　　　　　　　图 2-37　用法附图

37. 练法：上动不停。继续向左拧旋转体下伏的同时，左臂内旋，继续向左弧线屈肘滚挤，掌置于腰前，掌指向右，掌心向下，成二指掌形；右臂屈肘随势而动，成虎爪掌形。同时左腿屈膝向左拧旋；右腿随势向左往前弧线扣脚落步。目视左侧。（图 2-38 及其附图）

图 2-38

图 2-38 附图

用法：上动不停。甲方在继续左拧转体下伏、右腿向左往前弧线扣脚落步紧贴乙之身体的同时，用左臂继续向左弧线屈肘滚挤其背，使其无还手之机，处于更加被动之中。（图 2-38 用法）

38. 练法：上动不停。身体向左拧旋坐顶的同时，左臂外旋，向左往前弧线滚臂拧点，

图 2-38 用法

掌置于身体左侧，掌沿向下，掌指向前，成二指掌形；右臂内旋，随势向左往前滚臂拧点，掌置于腰前，掌沿向下，掌指向前，成二指掌形。同时双腿屈膝向左拧旋，右脚随势蹬地助力。目视前方。（图 2-39）

图 2-39

用法：上动不停。身体向左拧旋坐顶，右脚蹬地助力的同时，左臂以肘带手向左往前弧线滚臂顶打其背，拧点其腮，右臂随势向左往前滚臂拧点其腰，将其击倒。（图 2-39 用法）

图 2-39　用法

39. **练法：** 上动不停。身体左拧坐顶发力后，自然右旋，双臂自然屈肘回收，均成二指掌形。双腿屈膝自然向右拧旋。目视左侧。成蛇形掌势。（图 2-40）

图 2-40

第 33 第 39 个动作的练法与用法要点

这是个缠拢翻穿、转身拧点的招术。要求全身同时动，动作以腰为轴，体现出旋身跟进的气势及拧腰滚背的坐顶身法，动作要圆活、协调，一气呵成。

在用法上，甲方针对乙方右臂的击打，采取旋身缠拢的招术应对之。右臂缠拢其右臂时，以不同旋向与高低变化相协调的圆旋之力使其被动，继而形成随势以左腿埋其右腿、左臂翻臂穿点其喉部的局面，为拧身转体的拧点其身打下基础。运用招术时要有"哪里挨着哪里打"的战术思想，并做到动作连贯、流畅。

第三势掌——蛇钻滚臂悠身掌

第一成手掌（第 1 至第 15 个动作）

1. 练法：由蛇形掌势开始。（图 3-1）

用法：甲乙双方拉开战势，甲方为蛇形掌势；乙方左掌置于腰前，右掌置于胸前。双方对视。（图 3-1 用法）

图 3-1   图 3-1   用法

练法：向右旋闪，拧腰滚背的同时，左臂内旋，向右弧线滚臂缠封，掌置于腰前，掌沿向外，掌心向下，成虎爪掌形；右臂内旋，向左弧线屈肘拢按，掌置于胸前，掌指向左，掌心向下，成虎爪掌形。同时双腿屈膝右拧。目视左前方。（图3-2）

用法：乙方用左拳虚晃甲方的头部，突然左腿前迈击步向前的同时，击打甲方胸部。甲方随势向右旋闪，拧腰滚背的同时，左臂向右往上弧线滚臂缠封乙之左臂，右掌弧线拢按其前臂。（图 3-2 用法）

图 3-2

图 3-2　用法

2. **练法：**上动不停。身体向左拧旋上起的同时，左臂外旋，向左经顶前弧线滚臂上翻缠拢，掌置于面前左侧，掌指向上，掌沿向前，成虎爪掌形；右臂内旋，随势向右弧线屈肘拢按，掌置于胸前右侧，掌沿向上，掌心向外，成虎爪掌形。同时双腿屈膝向左拧旋。目视左前方。（图 3-3）

图 3-3

用法： 在上动的基础上，甲方随势向左拧旋上起的同时，左臂向左弧线滚臂翻缠乙之左臂。左臂的弧线翻缠要依靠身体左拧及右脚蹬地的力量。（图3-3用法）

图3-3　用法

3. **练法：** 上动不停。身体先向左拧后向右旋下伏的同时，左臂外旋，向右往下弧线滚臂翻缠，掌置于腹前右侧，掌沿向下，掌指向右，成虎爪掌形；右臂外旋，向左往上经顶前而后内旋，屈肘向右往下弧线拢掖，掌置于胸前右侧，掌沿向上，掌心向右，成二指掌形。同时右腿随势抬起，屈膝向左旋顶空悬；左腿随势屈膝独立。目视右侧。（图3-4）

用法： 在上动的基础上，乙方欲想摆脱甲方的控制，向左拧腰滚背的同时，用右臂击打甲之胸部。甲方随乙之势，用左臂向右往下弧线滚臂翻缠乙之右臂，用右臂屈肘向右往下弧线拢挤其右臂根部，顶靠其背部。同时右腿随势抬起，屈膝向左弧线旋顶其腹部，使其收腹躲闪。（图3-4用法）

图 3-4   图 3-4 用法

4. **练法**：上动不停。身体向右拧旋坐顶的同时，右臂内旋，向右往上弧线滚钻点扎，掌置于身体右侧，掌指向前，掌心向下，成二指掌形；左臂随势向右滚臂点扎，掌置于腰前右侧，掌指向前，成二指掌形。同时左腿继续支撑独立；右腿继续屈膝空悬。目视右前方。（图 3-5）

图 3-5

用法：在上动的基础上，甲方在身体向右拧旋坐顶的同时，顺乙之势，右臂以肘带手，向右往上弧线顶挤其背，滚钻点扎其腮，左臂随势向右滚臂点扎其肋，将其击出。（图3-5用法）

图3-5　用法

第1至第4个动作的练法与用法要点

这是个旋闪翻拢钻扎的招术。在旋闪的同时翻拢，其身拧腰滚背、其臂翻缠滚拢，在翻缠滚拢的基础上滚钻点扎。动作要圆活、协调，收得紧、放得开，一气呵成。

在用法上，甲方本着"螺旋缠绕灵活手，松紧弹抖意中守"的战术思想，针对乙之双臂的连续击打，采取双臂翻缠拢挤的圆旋之力应对之，在其被动之中，双臂钻扎之。动作要以腰为轴，保持好身体中心不失。

5. **练法：**接上势。身体左拧的同时，右臂外旋，向左往上弧线滚臂拢封，掌置于身体右侧，掌沿向左，掌心向上，成虎爪掌形；左臂随势而动，屈肘按掌于腰前，掌指向右，掌心向下，成虎爪掌形。同时右腿屈膝向右弧线扣脚落步，蹬地助力；左腿随势屈膝下蹲。目视右侧。（图3-6）

用法：乙方进身用右臂击打甲之头部，甲方身体左拧，右腿屈膝向右扣脚落步，蹬地助力的同时，用右臂向左往上弧线滚臂拢封乙之右臂，左臂随势屈肘按掌于腰前，做好身前防护。右臂的拢封要触动其右臂根部，使其重心不稳。（图3-6用法）

图3-6　　　　　　　　　　　图3-6　用法

6. **练法：**上动不停。身体向右拧旋下伏的同时，右臂内旋，向右往下弧线滚臂拢带，掌置于腰前，掌指向左，掌心向下，成鹰爪掌形；左臂外旋，向右往上弧线屈肘翻掌，掌置于胸前，掌指斜形向上，掌心向内，成二指掌形。同时双腿屈膝向右拧旋，左脚蹬地助力。目视左侧。（图3-7）

用法：在上动的基础上，乙方右臂在甲之右臂的封阻下，向左用力。于是甲方在身体向右拧旋下伏的同时，用右臂顺乙之势向右往下弧线滚臂拢带其右臂，左臂屈肘翻掌于胸前，准备滚臂钻扎其身。（图3-7用法）

图 3-7   图 3-7   用法

7. **练法**：上动不停。身体向右俯身的同时，左臂内旋，向左往前弧线滚臂钻扎，掌置于身体左侧，掌指向左，掌心向下，成二指掌形；右臂随势而动，屈肘于胸前，掌心向下，成虎爪掌形。同时左腿随势抬起，向左勾脚侧踹空悬；右腿随势向右拧旋独立，膝足顺势，脚掌向外碾，足跟往里旋。目视左侧。（图3-8）

用法：乙方在上动的基础上，为摆脱甲之右臂的滚拢而向后退。甲方随势用左腿侧踹其胯部的同时，左臂向左往前弧线滚臂钻扎其喉部，将其击出。（图3-8用法）

图 3-8

图 3-8　用法

8. **练法：**上动不停。左腿侧踹回收，屈膝空悬。目视左侧。（图 3-9）

用法：上动不停。左腿侧踹回收，屈膝空悬。乙方被击倒地。（图 3-9 用法）

图 3-9

图 3-9　用法

第 5 至第 8 个动作的练法与用法要点

这是个滚拢侧踹钻扎的招术。右臂的滚拢与掳带，要"粘连黏随"，侧踹钻扎要旋胯滚臂，两者互依互连，圆旋之动要协调、连续。

在用法上，甲方采用右臂向左往上的弧线滚臂拢封，尔后向右往下的弧线滚臂拢带应对乙右臂的劈打。右臂不同旋向及高低变化的旋力，造成乙方身体重心不稳的被动局面，形成拧腰滚背侧对乙身的态势，继而随势腿踹臂扎之。

9. **练法**：接上势。在向右拧悠身而进的同时，左臂外旋，向右往上经顶前弧线滚臂拢封，掌置于身体左侧，掌指向上，掌心向内，成虎爪掌形；右臂外旋，随势屈肘翻掌于腰前，掌指向前，掌心向上，成二指掌形。同时右腿屈膝向右拧旋，脚掌向外碾，足跟往里旋；左腿随势屈膝向左往前弧线扣脚落步。目视左侧。（图 3-10）

图 3-10

用法：乙方进身用右臂击打甲之头部，甲方随势左腿屈膝向左往前弧线扣脚落步，悠身而进的同时，左臂向右弧线滚拢其右臂。滚拢时要借助于拧腰滚背之力，使其重心不稳。（图3–10用法）

图 3–10 用法

10. 练法：上动不停。向左悠身而动的同时，左臂内旋，向左往下弧线滚臂拢按，掌置于胸前，掌心向下，掌沿向左，成虎爪掌形；右臂外旋，屈肘向前钻扎，掌置于腰前右侧，掌指向前，掌心向上，成二指掌形。同时左腿屈膝左拧独立，脚掌向外碾，足跟往里旋；右腿随势屈膝向左往前顶打空悬。目视右侧。（图3–11）

图 3–11

用法：在上动的基础上，甲方向左悠身而动，右腿屈膝顶打乙之下身的同时，用左臂向左往下弧线滚臂拢按乙之右臂，用右臂向上屈肘钻扎其胸窝。（图3-11用法及其附图）

图 3-11　用法　　　　　　　图 3-11　用法附图

11. **练法：**上动不停。身体向左拧旋坐顶的同时，右臂内旋，向前弧线滚臂钻扎，掌置于身体右侧，掌指向前，掌心向下，成二指掌形；左臂随势向右往上弧线滚拢，掌置于右肩旁，掌指斜形向上，掌心向右，成虎爪掌形。同时左腿继续屈膝独立；右腿屈膝内掩空悬。目视右前方。（图3-12）

用法：在上动的基础上，乙方向右拧身躲闪，甲方随势向左拧旋坐顶的同时，用右臂向前往上弧线滚臂钻扎乙之喉部，将其击倒。左掌滚拢于右肩旁，做好胸前防护。（图3-12用法）

图 3-12　　　　　　　　图 3-12　用法

第 9 至第 11 个动作的练法与用法要点

这是个悠身拢按钻扎的招术。拢按要借悠身之势，钻扎要随拢按之动。动作要圆活、协调，一气呵成。

在用法上，甲方实施悠身侧进的左臂滚拢，封阻乙之右臂的击打。继而左臂借助于拧腰滚背之力向左的拢按，右臂随势击之。在招术的运用中，要呈现出以腰为轴的悠身之动及圆旋的冲打之势。

12.　**练法**：接上势。右腿屈膝前扣落步、左脚蹬地助力的同时，右臂外旋，向右往前弧线滚臂缠拢，掌置于身体右侧，掌心向下，成虎爪掌形；左臂内旋，随势向左下弧线滚拢，掌置于身体左侧，掌心向下，成虎爪掌形。目视右侧。（图 3-13）

用法：乙方用右臂击打甲之头部，甲方随势于右腿屈膝前扣落步进身、左脚蹬地助力的同时，右臂向右往前弧线滚臂缠

111

拢乙之右臂，左臂向下弧线滚拢，做好胸前防护。（图 3-13
用法）

图 3-13 　　　　　　　　　图 3-13　用法

13. **练法**：上动不停。身
体向左拧旋，拧腰滚背的同
时，右臂外旋，向左往下弧线
滚臂缠挟，掌置于腰前右侧，
掌沿向内，掌心向上，成虎爪
掌形；左臂随势向右往下弧线
拢掌，掌置于身体左侧，掌沿
向外，掌心向下，成虎爪掌
形。同时右腿屈膝左拧，脚掌
向里碾，足跟往外旋；左腿随
势抬起，屈膝后插空悬。目视
右侧。（图 3-14）

图 3-14

用法：上动不停。甲方在身体向左拧旋、拧腰滚背的同时，右臂向左弧线滚臂旋挟其右臂于右肋间。同时右腿屈膝左拧，左腿随势抬起，屈膝后插，准备进身攻击。（图3-14用法及其附图）

图3-14　用法　　　　　　　图3-14　用法附图

14. **练法**：上动不停。身体继续向左拧旋伏起的同时，右臂旋挟，向左往下弧线滚臂挟带，掌置于腰旁右侧，掌沿向左，掌心向上，成虎爪掌形；左臂屈肘随势而动，掌置于胸前，掌沿向左，掌心向下，成虎爪掌形。同时左腿后插落地的同时，双腿屈膝左拧。目视右侧。（图3-15）

图3-15

用法： 在上动的基础上，甲方在向左拧旋伏起、左腿后插落地、双腿屈膝左拧、胯顶背靠其身的同时，右臂旋挟乙之右臂，向左往下弧线滚臂挟带，使其身体后倾。（图3-15用法）

图 3-15　用法

15. **练法：** 上动不停。向左滚身上起的同时，右臂外旋，向左往上弧线抖臂拧挟穿掌，掌置于身体右侧，掌指向右，掌心向上，成二指掌形；左臂内旋，向左往后以肘带手弧线滚臂顶打钻扎，掌置于身体左侧，掌指向左，掌心向后，成二指掌形。同时双腿屈膝向左拧旋。目视左侧。（图3-16）

用法： 在上动的基础上，甲方随势向左滚身上起，右胯顶挤乙之胯部的同时，右臂向左往上弧线抖臂拧挟其右臂，左臂向左往后以肘带手弧线滚臂顶打其肋部，钻扎其下身。同时双腿屈膝向左拧旋助力，将其击倒。（图3-16用法）

图 3-16

图 3-16　用法

第 12 至第 15 个动作的练法与用法要点

这是个插步滚拢、拧挟钻扎的招术。插步滚拢是旋身而进的特殊方式：其一，变位攻击，有闪身之意；其二，背向旋

115

身，使乙难料。拧挟钻扎要借插步滚拢之势，动作要圆活、协调，充分显示出拧旋起伏的圆旋离心之动，动则一气呵成。

在用法上，针对乙方右臂的冲打，甲方本着"一动先使你失中"的战术思想，采用以滚身侧进的插步滚拢将其右臂旋挟于右肋间，在其身体重心不稳之时，拧挟钻扎之。动作要以腰为轴，做到"哪里接触哪里打"。

第二成手掌（第 16 至第 28 个动作）

16. **练法**：上动不停。向右悠身下伏的同时，右臂内旋翻掌，向右往下弧线屈肘滚臂掩拢顶挤，掌置于腰前，掌沿向外，掌心向下，成二指掌形；左臂外旋，随势而动，掌置于身体左侧，掌沿向下，掌指向左，成二指掌形。同时右腿屈膝向右拧拱，脚掌向外碾，足跟往里旋；左腿随势屈膝向右拧旋。目视右侧。（图 3-17 及其附图）

图 3-17　　　　　　　图 3-17　附图

用法：乙方从身后击步冲踏甲之中门的同时，用左臂击打甲之右肋。甲方随势向右悠身下伏的同时，用右臂向右往下弧线屈肘滚臂掩拢其左臂，顶挤其胸。双腿屈膝向右拧旋，给右臂掩拢以助力，并以旋身掩拢之动使其击打落空，重心不稳，右腿被迫后移。（图3-17用法及其附图）

图3-17　用法　　　　　　图3-17　用法附图

17. **练法：**上动不停。身体向右拧旋坐顶的同时，右臂内旋，以肘带手向右往上弧线滚臂钻点，掌置于身体右侧，前臂向内拧翻，掌指向前，掌心向后，成二指掌形；左臂随势而动，仍置于身体左侧，成二指掌形。同时右腿屈膝向右拧拱；左脚蹬地助力。目视右侧。（图3-18）

用法：在上动的基础上，甲方右腿截住乙之左腿，身体向右拧旋的同时，右臂向右以肘带手，顶打其胸，顺势滚臂钻点其胸窝，全身坐顶发力，将其击出。（图3-18用法）

图 3-18

图 3-18 用法

18. **练法**：接上势。身体向左拧旋的同时，右臂外旋，向左上弧线滚臂缠拢，掌置于胸前右侧，掌指向前，掌心斜形向左，成虎爪掌形；左臂内旋，随势向右屈肘滚臂，掌置于身体

左侧，掌沿向上，掌心向左，成二指掌形。同时双腿屈膝左拧。目视右侧。（图3-19）

　　用法：在上动的基础上，乙方在被动之中向左拧腰滚背，左腿抬起后撤落步用右臂击打甲之胸部。甲方随势向左拧旋，右臂向左往上弧线滚臂缠拢乙之右臂，同时双腿屈膝左拧助力。（图3-19用法）

图3-19　　　　　　　　　　图3-19　用法

　　19. **练法**：上动不停。身体先向右拧后向左旋悠身上起的同时，右臂内旋，向右往下弧线缠捋，掌置于腰前右侧，掌沿向右，掌心向下，成鹰爪掌形；左臂外旋，随势向右往下经腹前而后向左往上弧线滚臂穿掌，掌置于面前左侧，掌指斜形向前，掌沿向右，掌心向上，成二指掌形。同时左腿随势抬起，屈膝顶打空悬；右腿随势屈膝独立。目视左前方。（图3-20及其附图）

图 3-20   图 3-20 附图

用法：在上动的基础上，甲方悠身上起的同时，用右臂向右往下弧线缠拢乙之右臂，顺势捋其腕部，左臂随势弧线穿于其右臂腋下。同时左腿随势屈膝顶打其胯部，使其右腿抬起，身向后仰。（图 3-20 用法及其附图）

图 3-20 用法   图 3-20 用法附图

20. **练法：**上动不停。身体继续左拧上起的同时，左臂外旋，向左往上弧线滚臂钻扎，掌置于身体左侧，掌指斜形向左，掌心向上，成二指掌形；右掌随势按掌于腰前，掌沿向右，掌心向下，成鹰爪掌形。同时右腿继续屈膝独立；左膝顶打空悬。目视左前方。（图3-21及其附图）

图 3-21   图 3-21 附图

用法：在上动的基础上，甲方在身体左拧上起的同时，右掌随势下按乙之右腕，左臂向左往上弧线滚臂钻扎其喉，同时左膝继续向上顶打其胯，将其击倒。（图3-21用法）

图 3-21   用法

121

第16至第20个动作的练法与用法要点

这是个掩拢滚点、膝顶钻扎的招术。膝顶钻扎是掩拢滚点的续动招术，两者既可连用，也可分用。动作时，身体要有起有伏，且有悠身之动。

在用法上，甲方采用悠身下伏的旋身之动及右臂向右往下的弧线屈肘掩拢招术应对乙方由身后的冲打，化解其力，击其胸部。甲方实施上述招术时，如果乙方拧身而走的同时击打甲方，甲方可紧贴之，随势悠身而动，双臂拢穿，钻扎其喉，膝顶其身。

21. **练法**：上动不停。向右悠身下伏的同时，左臂内旋，向右往上经顶前而后向下弧线滚拢，掌置于腰前，掌沿向左，掌心向下，成虎爪掌形；右臂外旋，屈肘翻掌于腰前，掌沿向内，掌心向上，成虎爪掌形。同时左腿随势向前弧线掩膝扣脚落步；右腿随势屈膝右拧下蹲。目视左侧。（图3–22及其附图）

图 3–22   图 3–22　附图

用法：乙方右腿前迈进身的同时，用右臂击打甲之头部。甲方随势向右悠身下伏，左腿向前弧线扣埋其右腿的同时，左臂向右往下弧线滚拢其右臂，屈肘顶挤其身，右臂随势屈肘翻掌滚压其右前臂，使其处于被动之中。（图3-22用法及其附图）

图3-22　用法　　　　　　　　图3-22　用法附图

22. **练法**：上动不停。身体向左拧旋坐顶的同时，左臂外旋翻掌，以肘带手向左往前弧线滚臂钻点，前臂向外拧翻，掌置于身体左侧，掌指向左，掌心向上，成二指掌形；右臂外旋，向右抖臂穿点，掌置于身体右侧，掌指向右，掌心向上，成二指掌形。同时左腿屈膝向左拧拱，脚掌向外碾，足跟往里旋；右腿随势向左拧旋，蹬地助力。目视左前方。（图3-23）

用法：在上动的基础上，甲方在身体向左拧旋坐顶、左腿屈膝向左拧拱乙之右腿的同时，左臂以肘带手向左往前顶挤其胸，钻点其喉，将其击倒。右臂向右抖臂穿点，增强左臂的挣裹之力。（图3-23用法1）

图 3-23

图 3-23　用法 1

124

乙方身体向右拧，右腿抬起后撤的同时，避开甲方左臂的钻点。（图 3-23 用法 2）

图 3-23　用法 2

23. **练法**：上动不停。身体向左拧旋下伏的同时，左臂内旋，向右往上经面前而后向下往左弧线滚缠，掌置于胸前，掌沿向左，掌心向下，成虎爪掌形；右臂外旋，向前往下弧线滚臂旋掌，掌置于腹前，掌心向上，成虎爪掌形。同时左腿屈膝左旋独立，脚掌向外碾，足跟往里旋；右腿随势抬起，向左掩膝空悬。目视右侧。（图 3-24）

图 3-24

用法：在上动的基础上，乙在右腿后撤落步的同时，用左臂击打甲之头部。甲方随势紧随，在身体向左拧旋下伏进身的同时，用左臂滚缠其左臂。右腿随势抬起，右臂滚臂旋掌于腹前，做好下一步攻击的准备。（图3-24用法）

24. **练法**：上动不停。在身体继续左拧下伏的同时，左臂向下往后弧线滚臂拢搂，掌置于腰前左侧，掌沿向左，掌

图3-24　用法

心向下，成鹰爪掌形；右臂外旋，向前弧线滚臂穿掌，掌置于身体右侧，掌指螺旋向前，掌沿向左，掌心向上，成螺旋掌形。同时左腿屈膝向左拧旋，脚掌向外碾，足跟往里旋；右腿随势屈膝向前弧线扣脚落步。目视右侧。（图3-25）

图3-25

用法： 在上动的基础上，甲方身体继续左拧下伏，右腿随势屈膝向前弧线扣脚落步埋住乙之左腿的同时，左臂向下往后弧线滚臂拢搋其左腕，用右臂向前滚穿其左臂腋下。（图 3–25 用法）

图 3–25 用法

25. **练法：** 上动不停。身体向右拧旋上起的同时，右臂内旋，向右往上弧线滚臂旋翻，掌置于身体右侧，掌心向下，掌指向上，成虎爪掌形；左臂外旋，向左弧线滚臂旋掌，掌置于身体左侧，掌心向上，成虎爪掌形。同时双腿屈膝向右拧旋，左脚蹬地助力。目视右侧。（图 3–26）

图 3–26

用法： 在上动的基础上，甲方右腿埋住乙之左腿，身体向右拧旋上起的同时，右臂向右往上弧线滚臂旋翻其左臂，左臂向左弧线滚臂旋掌，做好围打其身的准备。（图 3-26 用法）

图 3-26　用法

26. **练法：** 上动不停。向右拧腰滚背转体的同时，右臂外旋，向右往下弧线滚臂翻拢于右胯旁，尔后向左往上围拢，掌置于腰前左侧，掌沿向内，掌心向上，成虎爪掌形；左臂内旋，向右弧线滚臂围打，掌置于胸前右侧，掌指向右，掌心向下，成虎爪掌形。同时右腿屈膝向右拧旋，脚掌向外碾，足跟往里旋；左腿随势抬起，向右顶打空悬。目视左侧。（图 3-27 及其附图）

图 3-27

图 3-27　附图

用法：在上动的基础上，甲方在身体向右拧腰滚背的同时，右臂向右往下弧线滚臂翻拢乙之左臂，左臂向右弧线围打其头部，同时左腿随势抬起，屈膝顶打其下身。乙方拧腰滚背，转身躲闪而走。（图 3-27 用法）

图 3-27　用法

27. 练法：上动不停。身体向右拧旋下伏的同时，左臂内旋，向左弧线滚臂钻扎，掌置于身体左侧，掌指向左，掌心向后，成二指掌形；右臂外旋，向右滚臂抖扎，掌置于身体右侧，掌指向右，成二指掌形。同时右腿屈膝向右拧旋，脚

129

掌向外碾，足跟往里旋，膝足顺势；左腿随势向左勾脚侧踹。
目视左侧。（图 3-28）

图 3-28

用法：在上动的基础上，甲方在乙方闪躲而走的同时，身
体向右拧旋下伏，以左腿向左勾脚侧踹其胯，左臂向左滚臂钻
扎其身，使其摔出。（图 3-28 用法）

图 3-28　用法

28. **练法**：上动不停。
向右拧身转体的同时，左臂
外旋，向右弧线围拢，掌置
于胸前，掌心向下，成二指
掌形；右臂外旋，向左弧线
围拢，掌置于腰前，成二指
掌形，两掌心相对。同时右
腿屈膝右拧，脚掌向外碾，
足跟往里旋；左腿随势屈膝
向右弧线扣脚落步。目视右
侧。（图3-29）

图3-29

用法：在上动的基础
上，甲方左腿侧踹乙之胯部后随势屈膝向右弧线扣脚落步，双
臂围拢定势的同时，乙方继续前摔倒地。（图3-29用法）

图3-29　用法

第 21 至第 28 个动作的练法与用法要点

这是个悠身滚拢钻点、翻围钻扎侧踹的招术。在悠身下伏前冲的劲势下，双臂滚拢钻点。翻围钻扎侧踹是前者的续动招术，两者既可分用也可连用。双臂的翻拢围打要拧腰滚背，续势向前，体现出拧旋坐顶的劲势，为钻扎侧踹打下基础。抖臂钻扎与送胯侧踹要同时发力，发力时要气沉丹田。

在用法上，甲方采用以滚身侧进的悠身滚拢招术应对乙之右臂的击打，随势而钻点其喉。继而左臂以不同旋向的滚缠拢掳制约乙之左臂的击打。在其被动之中，右腿随势屈膝前扣进身，双臂翻拢围打之。在乙方逃脱时，脚踹掌扎，将其击倒。

第三成手掌（第 29 至第 37 个动作）

29. **练法**：接上势。身体右拧上起的同时，右臂内旋，向右往上经顶前而后向下弧线滚臂旋缠，掌置于身体右侧，掌指斜形向上，成虎爪掌形；左臂内旋，屈肘外拢，掌置于身体左侧，掌心向下，成虎爪掌形。同时右腿随势抬起，向左屈膝空悬；左腿随势屈膝独立。目视右侧。（图 3-30）

图 3-30

用法：乙方进身用左臂劈打甲之头部，甲方随势在身体右拧上起的同时，用右臂向右弧线滚臂旋缠乙之左臂。右腿随势抬起，做好下身的防护。（图 3-30 用法）

图 3-30　用法

30. **练法**：上动不停。在
身体左拧下伏、右旋上起、
拧腰滚背的同时，右臂外旋，
向左往下弧线滚臂旋缠于胯
旁，尔后向右往上弧线缠穿，
掌置于身前右侧，掌心向上，
成虎爪掌形；左臂外旋，向
右往上经顶前，尔后内旋向
左往下弧线滚拢掳按，掌置
于腰前，掌心向下，成鹰爪
掌形。同时左腿继续随势屈

图 3-31

膝独立；右腿继续屈膝空悬。目视右侧。（图 3-31）

　　用法：在上动的基础上，甲方在身体拧腰滚背的同时，右
臂向下往左旋缠乙之左臂，尔后向右往上缠穿其左臂腋下，左

臂随势滚拢捋按其左腕。同时右腿屈膝顶挤其胯。（图3–31用法）

图3–31　用法

31. **练法**：上动不停。身体向右拧旋坐顶的同时，右臂外旋，向右往上弧线滚臂冲点，掌置于面前右侧，掌指向前，掌心向上，成二指掌形；左臂随势捋按，掌置于腰前，掌心向下，成鹰爪掌形。同时右腿屈膝冲扣进身；左脚随势蹬地助力。目视右前方。（图3–32）

用法：在上动的基础上，甲方在身体向右拧旋坐顶、右

图3–32

134

腿掩膝冲扣进身的同时，左臂随势捋按乙之左腕，右臂向右往上弧线滚臂冲点其喉部。乙方身体后仰，避开甲之右掌的冲点，左臂处于被折状态。（图3-32用法）

图 3-32　用法

32. **练法**：上动不停。身体左拧下伏的同时，右臂内旋，向前翻掌滚臂钻扎，掌置于身体右侧，掌心向下，成二指掌形；左臂随势捋按，掌置于腰前，掌心向内，成鹰爪掌形。同时双腿屈膝向左拧旋。目视右侧。（图3-33）

用法：在上动的基础上，甲方在身体向左拧旋下伏的同时，右臂于乙之左臂下向前翻掌滚臂钻扎其喉部，左臂随势捋按其左腕，同时双腿屈膝左拧助力。（图3-33用法）

图 3-33

图 3-33　用法

33. **练法**：上动不停。身体向右拧旋坐顶的同时，右臂内旋，向右往前弧线滚臂钻扎，掌置于身体右侧，掌指向前，掌心向后，成二指掌形；左臂随势向前抖臂按推点扎，掌置于胸前，掌指向前，成二指掌形。同时双腿屈膝右拧，左脚蹬地助力。目视右前方。（图3-34）

图 3-34

用法：在上动的基础上，甲方身体向右拧旋坐顶的同时，右臂向右往前弧线滚臂钻扎乙方喉部，左臂随势向前抖臂按推其左腕，顺势点扎其胸部。全身坐顶发力，将其击倒。（图3-34 用法）

图 3-34　用法

第 29 至第 33 个动作的练法与用法要点

这是个缠折冲点、拧身钻扎的招术。在右腿抬起的同时缠拢，在落步前扣进身的同时双掌掳按冲点，形成柔刚相济的旋冲之势。拧身钻扎是缠折冲点的续势招术，要求动作连续，随势而行。

在用法上，针对乙方进身左臂的劈打，甲方以右臂的弧线滚臂旋缠应对之。右臂的弧线旋缠要影响其身体重心，在其被动之时，右腿向前冲扣进身，右臂冲点其喉部；在其后仰躲闪时，甲方随势拧身滚臂钻扎之。

34. 练法：接上势。身体向左拧旋的同时，左臂外旋，向左往上弧线滚臂扬掌，掌置于身体左侧，掌指向上，成二指掌形；右臂随势而动，向左往下屈肘按点，掌置于身体右侧，掌指斜形向下，成二指掌形。同时双腿屈膝左拧。目视右侧。（图 3–35）

用法：乙方左腿前迈进身的同时，欲用左臂冲打甲之头部。甲方向左闪身，呈引身而入之势。（图 3–35 用法）

图 3–35　　　　　　　　　　图 3–35　用法

35. **练法**：上动不停。身体向左拧旋的同时，右臂外旋，向左弧线屈肘滚臂掩封，掌置于胸前，掌心向上，成二指掌形；左臂随势内旋翻掌，掌置于身体左侧，掌沿向上，掌心向左，成二指掌形。同时左腿屈膝左拧独立；右腿随势抬起，向左旋兜空悬。目视右侧。（图3-36）

用法：在上动的基础上，甲方乘乙方左腿前落未稳之机，在身体向左拧旋的同时，右腿向左旋兜乙之左腿，右臂向左弧线屈肘滚臂掩封其左臂，使其处于被动之中。（图3-36用法）

图3-36　　　　　　　　　　图3-36　用法

36. **练法**：上动不停。身体向左拧腰滚背的同时，右臂内旋，向右弧线滚臂点扎，掌置于身体右侧，掌指向右，掌心向下，成二指掌形；左臂外旋，向右滚臂点扎，掌置于胸前右侧，掌指向右，掌心向内，成二指掌形。同时左腿屈膝左拧独立，脚掌向外碾，足跟往里旋；右腿随势向右勾脚侧踹空悬。目视右侧。（图3-37）

用法：在上动的基础上，甲方在身体向左拧腰滚背、右腿向右勾脚侧踹乙之右腿膝关节的同时，双臂滚扎其身，全身抖动发力，将其击出。（图 3–37 用法）

图 3–37

图 3–37　用法

37. **练法**：上动不停。全身抖动发力后，身体自然右旋的同时，双臂屈肘回收，双掌均成二指掌形。同时右腿屈膝拧胯回收空悬；左腿继续支撑独立。畅胸拔顶，坐胯拧腰，二目贯神视右侧，成蛇形掌势。（图3-38）

图 3-38

第 34 至第 37 个动作的练法与用法要点

这是个闪身兜踹点扎的招术。旋兜借闪身之势，侧踹借旋兜之势，动作互依互连，要一气呵成。

在用法上，甲方运用"闪展腾挪，你漏我钻"的战术思想，应对乙方刚猛地进步冲打。身体向左的旋闪，使乙左臂的击打落空，同时用右腿旋兜其立足未稳的左腿，使其身体失去平衡，继而脚踹掌击之。

第四势掌——蛇缠悠臂旋翻掌

第一成手掌（第1至第8个动作）

1. **练法：** 由蛇形掌势开始。（图4-1）

用法： 甲乙双方拉开战势，甲方为蛇形掌势；乙方左掌置于胸前，右掌前伸。双方对视。（图4-1用法）

图4-1   图4-1　用法

练法： 身体左旋下伏闪身而动的同时，右臂外旋，向左往上弧线滚拢，掌置于胸前右侧，掌指向上，掌心向左，成虎爪掌形；左臂随势而动，屈肘按掌于腰前，掌指向右，掌心向下，成虎爪掌形。右腿随势向右弧线扣脚落步；左腿随势屈膝下蹲。目视右掌。（图4-2）

用法： 乙方晃身而动，突然右腿右移落步的同时，左腿抬起侧踹甲之头部。甲方随势身体左旋下伏闪身而动，右臂在右腿屈膝向右弧线扣脚落步的同时，向左往上弧线滚拢其左腿，左掌置于腰前，做好身前防护。（图4-2用法1）

图4-2

图4-2　用法1

招术不限于单一的使用，下面所述内容，是相同招术针对乙方用右拳击打甲之头部的使用方法。

乙方晃身而动，身向右移的同时，用右拳击打甲之头部。甲方随势身体左旋下伏闪身而动，右臂在右腿向右弧线扣步的同时，向左往上弧线滚拢其右臂。（图4-2用法2）

图4-2　用法2

2. **练法**：上动不停。身体向右拧旋下伏的同时，右臂内旋，向右下弧线滚臂拢缠，掌置于胸前右侧，掌沿向上，掌心向外，成鹰爪掌形；左臂外旋，屈肘翻掌于腰前右侧，掌指向右，掌心向上，成虎爪掌形。同时双腿屈膝右拧，目视左侧。（图4-3）

用法：在上动的基础上，甲方随势身体向右拧旋下伏的同时，右臂向右下弧线滚臂拢缠乙之左腿，同时双腿屈膝右拧，助右臂拢缠之力。左臂置于其左腿下方，做好下一步上翻击打的准备。（图4-3用法1）

图 4–3

图 4–3　用法 1

在上动的基础上，甲方在身体向右拧旋下伏的同时，右臂向右下弧线滚臂拢缠乙之右臂，同时双腿屈膝右拧，助右臂拢缠之力。左臂置于其右臂下方，做好下一步上翻击打的准备。（图4-3 用法2）

图4-3　用法2

3. **练法**：身体向左拧腰滚背上起的同时，左臂外旋，向左往上经顶前而后内旋，向下弧线翻缠按掌，掌置于身体左侧，掌指向上，掌沿向前，成虎爪掌形；右臂内旋，随势向右往上弧线滚臂拢掌，掌置于身体右侧，掌心向右，成虎爪掌形。同时左腿随势抬起，向右屈膝兜提空悬；右腿随势屈膝独立。目视左侧。（图4-4）。

图4-4

用法：在上动的基础上，甲方身体向左拧腰滚背上起的同时，用左臂向左往上弧线翻缠而后下按乙之左腿，用左腿旋兜乙之右腿，将其摔倒。（图4-4用法1）

在上动的基础上，甲方身体向左拧腰滚背上起的同时，用左臂向左往上弧线翻缠乙之右臂，用左腿旋兜乙之右腿，乙方被迫高抬右腿而处于被动之中。（图4-4用法2）

图4-4　用法1

图4-4　用法2

4. **练法**：身体向右拧旋下伏的同时，左臂外旋，向右往下滚臂翻缠于胯旁，尔后向左往上弧线缠穿，掌置于胸前左侧，掌指向左，掌心向上，成二指掌形；右臂外旋，向左往上经顶前而后臂内旋，向右往下弧线滚臂拢掳，掌置于腰前右侧，掌沿向外，掌心向下，成鹰爪掌形。同时左腿旋胯掩膝向前弧线扣脚落步；右腿随势屈膝右拧下蹲。目视左掌。（图4-5）

用法：在上动的基础上，乙方右腿前扣，欲想进身挤靠甲方的同时，甲方随势身体右拧下伏，左腿旋胯掩膝向前弧线扣埋乙之右腿的同时，用左臂向右往下翻缠其右臂，尔后向左缠穿其右臂腋下，右掌随势向右往下拢掳其右腕。（图4-5用法）

图4-5　　　　　　　　图4-5　用法

5. **练法**：上动不停。身体向左拧旋坐顶的同时，左臂外旋，向左往上弧线屈肘穿点，前臂向外拧翻，掌置于身体左侧，掌指向左，掌心向上，成二指掌形；右臂随势而动，屈肘向左送掌，掌沿向外，掌心向下，成虎爪掌形。同时双腿屈膝向左拧旋，右脚蹬地助力。目视左侧。（图4-6）

用法：上动不停。甲方在身体向左拧旋坐顶、双腿屈膝左拧助力的同时，用左臂向左往上弧线屈肘穿点乙之喉部，右掌抓其右腕，随势向左送掌，将其击倒。（图4-6用法）

图4-6   图4-6 用法

第1至第5个动作的练法与用法要点

这是个闪身拢缠、兜提穿点的招术。旋闪与拢缠同步，兜提借闪身拢缠之势，穿点借兜提之势，动作要环环相连，借势而行。

阴阳八卦掌的招术用法，既可应对上肢的击打，也可防备下肢的攻击，要随势而做。当乙方用左腿侧踹时，甲方闪身是避开乙之左腿的攻击，在闪身的同时，右臂借右腿屈膝向右弧线扣脚落步之势，以圆旋之力拢缠之，以造成其左腿的侧踹落空，引身而入，为甲之左腿兜提乙的支撑腿和左臂翻缠下按其左腿打下基础。左腿的兜提与左臂翻缠的用力方向相反，但同时发力，发力时要拧腰滚背，气沉丹田。在应对乙之右臂击打时，其法其理相同。但针对攻击乙方上下肢体距离及角度的不同，甲方在招术运用上应依"道"而行，攻防兼备之。要自然地调整好旋闪的角度，改变攻击的部位和方法。例如当缠拢乙之左腿后，甲之左腿离乙之支撑腿较远而不便兜提时，可抬腿蹬踹之。

6. **练法**：身体向左拧旋上起的同时，左臂内旋，向左往上弧线滚臂翻缠，掌置于身体左侧，掌指向左，掌心向下，成虎爪掌形；右臂内旋，屈肘按掌于胸右侧，掌沿向外，掌心向下，成虎爪掌形。同时右腿屈膝左拧独立；左腿随势抬起，屈膝空悬。目视左侧。（图4-7）

用法：乙方进身用右掌劈打甲之头部。甲方左腿随势抬起，旋身向左的同时，用左臂向左往上弧线滚臂翻缠乙之右臂，以圆旋坐顶之力将其右臂翻缠而起，使其身后仰。（图4-7用法）

图 4-7   图 4-7 用法

7. **练法：**上动不停。身体右拧下伏左旋上起的同时，左臂外旋，向右往下弧线滚臂翻缠，掌置于腰前，掌沿向内，掌心向上，成虎爪掌形；右臂外旋，向左往上经顶前而后内旋向下弧线滚臂拢按，掌置于胸前左侧，掌沿向外，掌心向下，成鹰爪掌形。同时左腿向前弧线掩膝扣脚落步；右腿随势屈膝下蹲。目视左侧。（图 4-8）

用法：在上动的基础上，甲方在拧腰滚背旋挤乙身、左腿向前弧线掩膝扣脚落步埋顶其右腿的同时，左臂向右往下弧线滚臂翻缠其右臂，右臂外旋，向左往上经顶前而后内旋向下弧线滚臂拢按其右上臂。（图 4-8 用法）

图 4-8   图 4-8 用法

8. **练法：**上动不停。身体向左拧旋坐顶的同时，右臂向右往下弧线拢掳，掌置于腰前，掌沿向外，掌心向下，成鹰爪掌形；左臂外旋，经右臂内向左往上弧线滚臂穿点，前臂向外拧翻，掌置于身体左侧，掌指斜形向前，掌心向上，成二指掌形。同时左腿屈膝向左拧拱；右脚蹬地助力。目视左侧。（图 4-9）

用法：在上动的基础上，乙方为摆脱被动局面，身体向右拧、右腿抬起准备退身的同时，甲方随势在身体向左拧旋坐顶、双腿屈膝左拧助力的同时，以右臂向右往下弧线拢捋乙之右臂，左臂外旋，经右臂内向左往上弧线滚臂按压其身穿点其喉，将其击倒。（图4-9用法）

图4-9　　　　　　　　　　　图4-9　用法

第6至第8个动作的练法与用法要点

这是个翻缠扣埋穿点的招术。在翻缠的基础上穿点，要有拧腰滚背的身法，左臂的翻缠要借拧旋之中的起伏之势，穿点时要借身体拧旋坐顶之力。动作要圆活、协调，一气呵成。

在用法上，甲方针对乙方右臂的冲打，采取左腿随势屈膝抬起，旋身而动的左臂翻缠应对之，翻缠时要有圆旋前冲之力。甲方在左腿埋住乙之右腿，用右掌拢捋其右臂与左掌穿点其喉的用力方向相反，以便加强左掌穿点的强度。实战中，左臂的穿点可以从右臂内或右臂外向左往上滚穿。前者穿于其右臂上，要有滚压上穿之力；后者穿于其右臂下，要有上翻滚穿之势。滚穿时内与外的选择要视对方的身高及具体情况随势而定。对于个矮的对手一般采用前者，对于身高的对手一般采用后者。在套路练习中，要有"无人当有人"的意念，注意调整左臂穿点时与右臂之间的位置。

第二成手掌（第 9 至第 26 个动作）

9. **练法：** 上动不停。向右拧腰滚背起伏的同时，左臂内旋，向右往上经面前而后向下弧线屈肘缠拢，掌置于腰前左侧，掌指向右，掌心向内，成虎爪掌形；右臂外旋，随势屈肘翻掌，掌置于腰右侧，掌心向上，成虎爪掌形。同时双腿屈膝向右拧旋。目视左侧。（图 4-10）

用法： 乙方于右侧用右臂击打甲之面部。甲方随势身向右拧，用左臂向右弧线屈肘缠拢乙之右臂，同时双腿屈膝右拧助力。（图 4-10 用法）

图 4-10   图 4-10 用法

10. **练法：** 上动不停。身向左拧悠身上起的同时，左臂内旋滚腕翻掌，向左往上弧线屈肘缠拢，掌置于胸前左侧，掌心

向下，成虎爪掌形；右臂随势而动，掌置腰前右侧，掌心斜向上，成虎爪掌形。同时双腿屈膝左拧。目视左侧。（图4-11）

用法：上动不停。甲方在向左悠身上起、双腿屈膝左拧助力的同时，用左臂黏其右臂滚腕翻掌，向左弧线屈肘缠拢，缠拢之力向前旋顶，使其身后坐。右臂屈肘于腰前做好身前的防护。（图4-11用法）

图 4-11

图 4-11　用法

11. **练法：**上动不停。向右拧腰滚背的同时，左臂外旋滚腕翻掌，向右往上弧线屈肘缠拢，掌置于面前，掌指斜形向前，掌心向上，成虎爪掌形；右臂随势屈肘内旋，掌置于腰右侧，掌心向下，成虎爪掌形。同时双腿屈膝向右拧旋。目视左侧。（图4-12）

图 4-12

153

用法： 在上动的基础上，乙方迫于甲方左臂的缠拢随势身体向右拧右腿向右往后撤步的同时，用左掌撞打甲之头部。甲方随势在向右拧腰滚背的同时，用左臂向右往上弧线屈肘缠拢其左臂。双腿的屈膝右拧，增强左臂的缠拢之力。（图 4-12 用法）

图 4-12　用法

12. **练法：** 上动不停。身体左拧下伏的同时，左臂内旋，向左往下弧线滚臂缠捋，掌置于胸前，掌沿向外，掌心向下，成鹰爪掌形；右臂外旋，随势向前滚臂旋掌，掌置于腰前右侧，掌心向上，成螺旋掌形。同时左腿屈膝左拧独立，脚掌向外碾，足跟往里旋；右腿随势抬起，屈膝前顶空悬。目视右侧。（图 4-13）

图 4-13

用法： 在上动的基础上，甲方身体左拧下伏，左腿屈膝左拧进身，右腿随势屈膝顶挤乙方左腿的同时，左臂向左往下弧线滚臂缠拢其左臂，右臂随势向前滚挤其腰。（图4-13用法及其附图）

图4-13 用法　　　　　　图4-13 用法附图

13. **练法：** 上动不停。身体向左拧旋下伏的同时，左臂内旋，向左弧线屈肘滚臂拢掳，掌置于腰前左侧，掌沿向外，掌心向下，成鹰爪掌形；右臂外旋，向前往上弧线穿掌，掌置于胸前右侧，掌指向右，掌心向上，成二指掌形。同时右腿向前弧线掩膝扣脚落步；左脚随势蹬地助力。目视右侧。（图4-14及其附图）

用法： 在上动的基础上，甲方用右腿屈膝前扣掩压乙之左腿的同时，用左手抓其左腕，向左掳带，用右臂向前往上弧线滚穿于其左臂腋下，使其处于被动之中。（图4-14用法及其附图）

图 4-14   图 4-14 附图

图 4-14 用法   图 4-14 用法附图

14. **练法：**上动不停。向右拧腰滚背上起的同时，左手向左屈肘捋拽，掌置于腰前左侧，掌沿向外，掌心向下，成鹰爪掌形；右臂外旋，随势向右往上弧线穿点，前臂向外拧翻，掌置于面前右侧，掌指向右，掌心向上，成二指掌形。同时双腿屈膝向右拧旋，左脚蹬地助力。目视右侧。（图4-15）

用法：上动不停。甲方在向右拧腰滚背上起的同时，用右腿埋住乙之左腿，用左手向左捋拽其左腕，右臂随势向右往上弧线穿点其喉部。乙闪身后仰，避开甲方右掌的穿点。（图4-15用法）

图4-15　　　　　　　　图4-15　用法

15. **练法：**上动不停。身体向右拧旋坐顶的同时，右臂内旋翻掌，向右往下弧线屈肘顶挤，尔后往上悠臂翻点，掌置于身体右侧，掌指向右，掌心向下，成二指掌形；左臂随势向右弧线悠臂送掌拧点，掌置于右肋旁，掌指向右，掌沿向下，成二指掌形。同时双腿随势略屈膝右拧。目视右侧。（图4-16）

用法：在上动的基础上，甲方右腿埋住乙之左腿，身体向右拧旋坐顶的同时，用左手搌其左腕，右臂内旋翻掌，向右往下弧线屈肘顶挤其肋，尔后往上悠臂翻点其喉部，左臂随右掌的翻点向右悠臂送其左臂，顺点其胸，将其击倒。（图 4-16 用法）

图 4-16

图 4-16　用法

第 9 至第 15 个动作的练法与用法要点

这是个缠绕滚拢、悠臂翻点的招术。左臂的缠绕滚拢要与身体的拧旋起伏相协调，并体现出以腰为轴，节节贯通的拧腰滚背身法。向右悠臂翻点时要借助于身体拧旋坐顶之势。

在用法上，针对乙方右臂及左臂的连续击打，甲方采取以柔克刚的左臂连续缠绕滚拢招术应对之，其动似蛇缠。动作时要拧腰滚背，以助左臂缠绕滚拢的力量。交手时要与之侧身相对。甲之右腿随势抬起，掩膝前扣落步埋其腿部，要借左手拢搌其左腕之力。左手搌其左腕，右臂向右往下顶挤其肋，尔后往上翻点其喉，要与身体的拧旋伏起相协调，这样，坐顶之力便在其中。

16. **练法**：接上势。向左拧腰滚背的同时，右臂外旋，向左往上经面前弧线屈肘滚缠，掌置于胸前右侧，掌心向上，成虎爪掌形；左臂内旋，随势向左弧线拢按，掌置于身体左侧，掌心向后，成虎爪掌形。同时双腿略屈膝左拧。目视右侧。（图4-17）

用法：乙方右腿前迈进身的同时，用右臂冲打甲之面部。甲方在身体向左拧腰滚背的同时，用右臂向左弧线屈肘滚缠乙之右臂，左臂随势向左弧线拢按，做好身前防护。甲之右臂的缠拢，化其直力，使其重心不稳。（图4-17用法）

图 4-17   图 4-17　用法

17. **练法**：上动不停。向右拧身下伏的同时，右臂内旋，向右往下弧线屈肘缠按，掌置于腰前右侧，掌心斜形向下，成虎爪掌形；左臂随势而动，掌置于身体左侧，成虎爪掌形。同时右腿屈膝右拧独立，脚掌向外碾，足跟往里旋；左腿随势抬

起，屈膝空悬。目视右侧。（图4-18）

　　用法：上动不停。甲方在向右拧身下伏、右腿屈膝右拧、左腿随势抬起进身的同时，用右臂向右往下弧线屈肘缠按乙之右臂，使其重心不稳。（图4-18用法）

图4-18　　　　　　　　图4-18　用法

　　18.　**练法：**上动不停。向右拧身下伏的同时，右臂向右往下弧线缠掳，掌置于腰前右侧，掌沿向外，掌心向下，成鹰爪掌；左臂外旋，随势向右往下经胯旁，尔后向上弧线滚穿，掌置于身体左侧，掌指螺旋向前，掌心斜形向上，成螺旋掌形。同时左腿屈膝向前弧线扣脚落步；右腿随势屈膝右拧下蹲，脚掌向外碾，足跟往里旋。目视左侧。（图4-19及其附图）

　　用法：在上动的基础上，甲方在身体右拧下伏、左腿屈膝向前弧线扣脚落步埋住乙之右腿的同时，用右臂向右往下弧线缠拢其右臂，顺势掳抓其腕部，左臂随势向右往前滚穿其右臂腋下，使其处于被动之中。（图4-19用法及其附图）

图 4-19

图 4-19　附图

图 4-19　用法

图 4-19　用法附图

19. **练法**：上动不停。身体左拧上起的同时，左臂外旋，向左往上弧线滚臂翻穿，掌置于身体左侧上方，掌指螺旋向上，成螺旋掌形；右臂外旋，随势向右滚臂扬掌，掌心向上，成虎爪掌形。同时双腿屈膝左拧，右脚蹬地助力。目视左侧。（图4-20）

用法：在上动的基础上，甲方在左腿埋住乙之右腿、身体向左拧旋上起的同时，用左臂于其右臂腋下向左往上弧线滚臂穿翻其身，迫使其右腿抬起。（图4-20用法）

图4-20   图4-20　用法

20. **练法**：上动不停。向左拧身下伏的同时，左臂内旋，向左往下弧线滚臂翻缠下拢，掌置于腰前，掌心向下，成虎爪掌形；右臂随势而动，掌置于身体右侧上方，掌心向上，成虎爪掌形。同时双腿屈膝向左拧旋。目视左侧。（图4-21）

用法：在上动的基础上，乙方被动之中向右拧腰滚背，右腿向右往后落步退身的同时，用左臂反臂击打甲之背部。甲方

随势紧贴其身，在向左拧旋下伏的同时，用左臂向左弧线翻缠下拢乙之左臂，右臂做好进身攻击的准备。（图4-21用法）

图 4-21　　　　　　　　　　图 4-21　用法

21. **练法**：上动不停。身体继续向左拧旋下伏的同时，左臂向左弧线屈肘滚臂捋带，掌置于腰前左侧，掌沿向外，掌心向下，成鹰爪掌形；右臂外旋，随势向左往下弧线掩肘砸打，掌置于面前，掌指向上，掌心向左，成虎爪掌形。同时左腿屈膝左拧，脚掌向外碾，足跟往里旋；右腿随势抬起，向前弧线扣脚落步。目视右侧。（图4-22）

图 4-22

用法：在上动的基础上，甲方在身体继续向左拧旋下伏、右腿随势抬起向前弧线扣脚落步、屈膝掩压乙之左腿的同时，左手捋其左腕，右臂弧线掩肘砸打其后脑，将其击倒。（图4–22用法1）

乙方闪身，头部避开甲方右肘的砸打。（图4–22用法2）

图4–22　用法1　　　　　　图4–22　用法2

22. **练法**：上动不停。向右拧腰滚背悠身上起的同时，右前臂内旋下翻，向右下弧线滚臂旋缠，掌置于胸前右侧，掌沿向上，掌心向右，成虎爪掌形；左臂随势向右弧线屈肘推按，掌置于腰前右侧，掌指向右，掌心向下，成鹰爪掌形。同时双腿屈膝向右拧旋。目视右侧。（图4–23）

用法：在上动的基础上，甲方在右腿埋住乙之左腿向右拧腰滚背的同时，用右臂向右下弧线滚臂旋缠于其左臂腋下，用左手推按乙之左腕，使其身体后坐，处于被动之中。（图4–23用法及其附图）

图 4-23

图 4-23　用法

图 4-23　用法附图

23. **练法：** 上动不停。身体左拧上起而后下伏的同时，右臂外旋，向左往上弧线滚臂旋缠上提于面前，尔后内旋向下弧线滚臂缠压，掌置于腰前左侧，掌沿向外，掌心向下，成鹰爪掌形；左臂外旋，随势向右往上弧线滚穿，掌置于胸前右侧，掌指螺旋斜形向上，掌心向左，成螺旋掌形。同时双腿屈膝向左拧旋。目视左侧。（图 4-24）

用法： 上动不停。甲方在向左拧腰滚背的同时，右臂于乙之左臂腋下向左往上弧线滚臂旋缠上提，在其脚下无根之时向下弧线滚臂缠压其肩部。左臂随势向前弧线滚穿于乙之左臂下，做好下一步攻击的准备。同时双腿屈膝左拧，以增强右臂的缠压力量，使其身体前俯。（图 4-24 用法）

图 4-24   图 4-24　用法

24. **练法：** 上动不停。身体向左拧旋上起的同时，左臂内旋翻掌，向左上弧线屈肘掰按，掌置于身体左侧，掌沿向后，掌心向下，成鹰爪掌形；右臂随势向右往上弧线搂提，掌置于胸前右侧，掌沿向右，掌心向下，成鹰爪掌形。同时右腿屈膝右拧独立；左腿随势抬起，向右屈膝顶打空悬。目视左侧。（图4-25）

用法： 在上动的基础上，甲方身体向左拧旋的同时，右手按于乙之左臂根部，向右往上弧线搂提。左手抓其左腕，向左上弧线屈肘掰按。同时用左腿屈膝向右顶打其下身及胸部，而使其失去反抗能力。图

图 4-25

4-25用法及其附图只表其意，如果甲之右臂用力向右弧线搂按上提，则乙方将向左翻身倒地，肩肘关节也会受损。

图 4-25 用法

图 4-25 用法附图

第 16 至第 24 个动作的练法与用法要点

这是个翻缠肘砸、掰臂膝顶的招术。翻缠要有拧腰滚背旋身而进的气势，肘砸要借翻拢之势，掰臂膝顶要借肘砸之势，要求动作圆活、连续、一气呵成。

在用法上，对于乙方进身右臂的冲打，甲方采取滚身侧进的同时，以右臂屈肘滚缠的圆旋之力，破其冲打之势，继而形成甲之左腿前扣进身，左臂翻缠拢捋，右臂弧线掩肘砸打其后脑的局面。动作时，要有"粘连黏随"的战术意识。"掰臂顶膝"时，用右手缠按于乙之左臂根部，向右弧线搂提与左手抓其左腕弧线滚臂掰拢的用力方向要相反。在掰臂的同时，左腿要屈膝向右顶打其身。招术的实施要贴得紧、靠得牢，并做到"哪里接触哪里打"。

25. **练法**：接上势。向右拧腰滚背下伏的同时，左臂外旋，向右往上经顶前而后内旋，向下弧线屈肘翻臂滚拢，掌置于左胯旁，掌指向下，掌心向后，成二指掌形；右臂外旋，随势向右往上弧线滚臂穿掌，掌置于身体右侧上方，掌指向上，成二指掌形。同时左腿屈膝内掩前扣落步；右腿随势屈膝右拧。目视左侧。（图 4-26）

图 4-26

用法：乙方进身的同时，用右臂击打甲之头部。甲方随势向右拧腰滚背，左腿屈膝内掩前扣落步埋住乙之右腿，向右掩压的同时，左臂滚拢其右臂。（图 4-26 用法）

图 4-26　用法

26. **练法**：上动不停。身
体向左拧旋坐顶的同时，左臂
外旋翻掌，向左往前弧线滚臂
挤压翻点，掌置于身体左侧，
掌指向左，掌心向上，成二指
掌形；右臂外旋，随势向右往
上抖臂穿掌，掌置于身体右侧
上方，掌心向上，成二指掌
形。同时左腿屈膝向左往前拧
拱；右脚随势蹬地助力。目视
左侧。（图4-27）

图 4-27

　　用法：在上动的基础上，甲方在身体向左拧旋坐顶、左腿
屈膝拧拱乙之右腿的同时，用左臂弧线滚臂挤压其胸，顺势翻
臂点扎其喉。右臂随势向右往上的抖臂穿掌，增强左臂的挣裹

之力，将其击倒。（图 4-27 用法）

图 4-27　用法

第 25 至第 26 个动作的练法与用法要点

这是个旋扣滚拢、拧身翻扎的招术。旋扣滚拢要有拧腰滚背旋身而进的身法，拧身翻点要有悠身向前的气势。两者互依互连，要一气呵成。

在用法上，甲方采取身体右拧下伏、左腿屈膝前扣、埋住立足未稳的乙之右腿，同时用左臂滚拢按压其右臂的招术，应对乙方进身的冲打，使其被动，继而拧身翻点之。

第三成手掌（第 27 至第 45 个动作）

27. 练法：接上势。向左拧腰滚背悠身而动的同时，右臂内旋，随势向左下弧线滚臂缠拢，掌置于身体右侧，掌沿向右，掌心向下，成虎爪掌形；左臂内旋，向右往上经面前而后向下弧线屈肘拢按，掌置于腰前，掌指向右，掌心向下，成虎

爪掌形。同时左腿屈膝左拧，脚掌向外碾，足跟往里旋；右腿随势抬起，向左往前旋膝空悬。目视右侧。（图4-28）

用法：乙方击步向前用右拳冲打甲之胸部，甲方向左拧腰滚背悠身而动的同时，用左臂弧线屈肘拢按其右臂，用右臂随势向左下弧线滚臂缠拢其右臂，将其右臂缠封于双臂间。（图4-28用法）

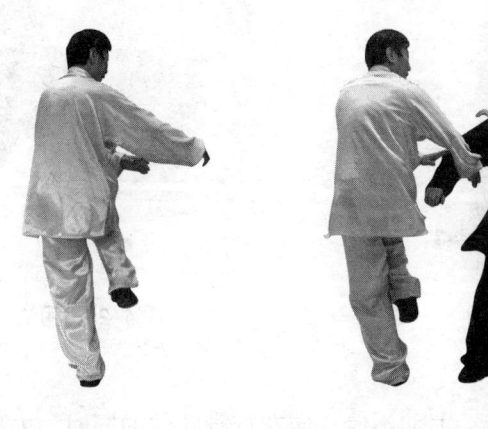

图4-28　　　　　　　图4-28　用法

28. **练法：**上动不停。继续向左悠身而动的同时，右臂外旋翻掌，向左往上弧线滚臂翻缠于顶前，尔后向下往右翻臂缠压于胸前，顺势向右滚臂点扎，掌置于身体右侧，掌指向右，掌心向上，成二指掌形；左臂内旋，随势向左弧线拢按，掌置于左肋旁，掌沿向外，掌心向下，成虎爪掌形。同时左腿继续屈膝向左拧旋独立，脚掌向外碾，足跟往里旋；右腿随势向左旋扣落步。目视右侧。（图4-29）

用法：在上动的基础上，甲方继续向左悠身而动，右腿随

势向左旋扣落步的同时，用右臂先向左往上滚臂旋缠而后向右往下缠压乙之右臂，顺势向右滚臂点扎其喉部。乙随势拧身躲闪，避开甲之右臂的点扎。（图 4–29 用法）

图 4–29

图 4–29　用法

29. **练法：**上动不停。向左拧身转体的同时，左臂内旋，向左往后弧线屈肘滚臂搂打，掌置于身体左侧下方，掌指向下，掌心向后，成虎爪掌形；右臂内旋，随势向左弧线翻掌上拢，掌置于顶前上方，掌心向上，成虎爪掌形。同时右腿屈膝左拧独立；左腿随势抬起，向左屈膝后勾撩打空悬。目视左侧。（图 4–30）

用法：在上动的基础上，甲方在向左拧身转体的同时，用左臂向左往后弧线屈肘滚臂搂打乙之胸部，用左腿向左屈膝后勾撩打其下身，使其被迫后闪。右臂随势翻掌上拢，做好头部的防护和攻击其身的准备。（图 4–30 用法）

图 4-30

图 4-30 用法

30. **练法**：上动不停。身体向左拧旋坐顶的同时，右臂向左往下弧线屈肘拢打，掌置于腰前，掌指向左，掌心向下，成虎爪掌形；左臂外旋，屈肘经右臂内向左往前弧线翻臂拧点，掌置于身体左侧，掌指向前，掌心向上，成二指掌形。同时左腿屈膝前扣落步；右腿随势屈膝左拧，蹬地助力。目视左侧。（图 4-31）

图 4-31

用法：在上动的基础上，甲方抓住乙方身体重心不稳的时机，在身体向左拧腰滚背、左腿屈膝前扣落步、进身冲顶的同

时，右臂向左往下弧线屈肘拢打乙之左臂及胸部，左臂向左往前弧线翻臂拧点其喉部，全身坐顶发力，将其击倒。（图4-31用法）

图 4-31　用法

第 27 至第 30 个动作的练法与用法要点

这是个悠身转体翻扎、勾腿撩打拢点的招术。动作要以腰为轴，做到"腰如轴立含拧旋"上下肢体协调配合。要求动作圆活、连续，有悠身之感。

在用法上，甲方采取以柔克刚的悠身转体之动，应对乙方击步向前的右拳冲打。右臂的屈肘拢按，做好了上盘的封阻；左臂向左往下的弧线滚臂搂打而后翻臂点扎，形成了中盘的封打；左腿向左勾腿撩打而后往前的旋膝扣步，起到了下盘的攻防作用，使乙之击打落空而被击倒。招术的运用，要有"滚钻挣裹、按弹坐顶"之力，在战术上要"沾连黏随围着转"，不给对手以喘息之机。

31. **练法：**接上势。向右悠身上起的同时，左臂内旋，向右往上经面前弧线屈肘滚拢，掌于胸前，掌沿向外，掌心向下，成虎爪掌形；右臂外旋，随势向左屈肘翻掌滚拢，掌置于腰前左侧，掌沿向内，掌心向上，成虎爪掌形。同时右腿屈膝右拧独立，脚掌向外碾，足跟往里旋；左腿随势抬起，向右兜提空悬。目视左侧。（图4-32）

用法：乙方右腿前迈进身，用右臂冲打甲之面部。甲方随势向右悠身上起的同时，左腿向右兜扫提带乙之右腿，左臂向右弧线屈肘滚拢其右臂，右臂翻掌滚拢于腰前，做好身前防护。（图4-32用法）

图4-32　　　　　　　　　图4-32　用法

32. **练法：**上动不停。身体右拧下伏的同时，左臂内旋，向左往前滚臂拧点，掌置于身体左侧，掌指向左，掌心向后，成二指掌形；右臂随势屈肘前点，掌置于腰前左侧，掌指向左，掌心向内，成二指掌形。同时右腿屈膝右拧独立，脚掌向

外碾，足跟往里旋；左腿随势向左勾脚侧端空悬。目视左侧。（图 4-33）

用法： 上动不停。甲方右腿屈膝右拧下蹲，足趾抓地的同时，左腿随势向左勾脚蹬端乙之左腿膝关节内侧，双掌向左往前滚臂拧点乙之喉部及肋部，将其击出。（图 4-33 用法）

图 4-33

图 4-33　用法

33. **练法**：上动不停。左腿侧踹后拧胯回收屈膝空悬，右腿仍支撑独立。右、左双掌分置于腹前及身体左侧，均成二指掌形。目视左前方。（图4-34）

用法：上动不停。甲方左腿侧踹后拧胯回收，右、左双掌分置于腹前及身体左侧，乙方倒地。（图4-34用法）

图 4-34

图 4-34　用法

第 31 至第 33 个动作的练法与用法要点

这是个悠身兜带、拢臂拧点的招术。动作要以腰为轴，自然、圆活。左腿兜带要收胯，蹬踹要送胯。左臂随左腿的兜带而滚拢，随侧踹而拧点。上下肢体的协调动作，突出了收与放的自然转化过程。

在用法上，对于乙方进身的冲打，甲方在其落步未稳之时，用左腿兜扫提带乙之右腿，用左臂屈肘滚封其右臂，使其无还手之力，在其被动之中脚踹掌击之。击打时，动作的收放不能停滞，要借势而施。

34. **练法**：接上势。身体先向右拧后向左旋闪身而进的同时，左臂外旋，向右往下经胯旁，而后内旋，向左往上弧线滚臂缠拢，掌置于身体左侧，掌指向上，掌心向右，成虎爪掌形；右臂外旋，随势屈肘旋掌置于腰前右侧，掌沿向内，掌心向上，成虎爪掌形。同时左腿屈膝左拧，摆脚前落；右脚随势蹬地助力。目视左侧。（图4-35）

图 4-35

用法：乙方进身用左臂冲打甲之胸部。甲方在拧腰滚背、左腿屈膝摆脚前落、旋闪进身的同时，左臂随势滚臂缠拢乙之左臂，以圆旋前冲之力使其重心不稳。（图 4-35 用法）

图 4-35　用法

35. **练法**：上动不停。向左拧腰滚背下伏的同时，左臂向左往下弧线屈肘缠拢掳抓，掌置于腰前，掌沿向下，掌心向内，成鹰爪掌形；右臂内旋，随势向左往上经顶前而后向下弧线滚臂旋掖拧点，掌置于胯旁右侧，掌指向下，掌心向右，成二指掌形。同时左腿屈膝左拧，脚掌向外碾，足跟往里旋；右腿随势抬起，向前弧线扣脚落步。目视右侧。（图 4-36）

图 4-36

179

　　用法：上动不停。甲方在身体向左拧腰滚背下伏、右腿随势向前弧线扣脚落步、埋住乙之腿部的同时，用左臂向左往下弧线屈肘缠拢其左臂，顺势抓掳其腕部，右臂随势向前弧线滚臂旋掖其身，顺势拧点其下身。（图4-36用法及其附图）

图 4-36　用法　　　　　　　　图 4-36　用法附图

　　36. **练法：**上动不停。向右往后悠身而起的同时，右臂外旋，向右往上弧线滚臂穿横拧点，掌置于身体右侧，掌指向右，掌心向上，成二指掌形；左臂随势向右弧线抖臂送掌，掌置于腰前，掌沿向外，掌心向下，成鹰爪掌形。同时双腿屈膝向右拧旋，左脚蹬地助力。目视右侧。（图4-37）

　　用法：在上动的基础上，乙方为保持身体的平衡，右腿抬起，向右往后移步的同时，甲方借乙之势，在右腿埋其左腿、向右往后悠身坐顶的同时，用右臂向右往后弧线滚横其身，拧点其喉，左臂抓住其左腕，随势向右弧线抖臂送掌，全身同时坐顶发力，将其击倒。（图4-37用法）

图 4-37

图 4-37 用法

第 34 至第 36 个动作的练法与用法要点

这是个旋身拢掖、滚横拧点的招术。旋身拢掖要闪身旋进，滚横拧点要悠身而动。要求动作协调、圆活，一气呵成。

在用法上，甲方采用"刚者柔取"的战术思想，应对乙方进身的冲打。左腿摆脚前落的同时，左臂向左弧线缠拢乙之左臂，形成闪身而进封打一体的态势。以圆旋前冲之力，使其重心不稳，随势以右腿前扣落步扣埋掩拱其腿，臂掖拧点其身，继而在向右往后悠身坐顶的同时，以右臂滚横拧点之。

37. **练法**：接上势。向左往后拧身而起的同时，左臂外旋，向左往后弧线悠臂缠封，掌置于面前左侧，掌指向左，掌心斜形向上，成虎爪掌形；右臂随势而动，掌置于身体右侧上方，掌指向右，掌心斜形向上，成二指掌形。同时右腿屈膝左拧独立，脚掌向里碾，足跟往外旋；左腿随势屈膝抬起空悬。目视左侧。（图4-38）

图4-38

用法：乙方于身后用左臂击打甲之头部，甲方随势向左往后拧身而起，左腿屈膝抬起进身的同时，用左臂向左往后弧线滚臂缠封乙之左臂。（图4-38用法）

图 4-38 用法

38. **练法**：上动不停。向左往前旋身而进的同时，左臂内旋，向左往前弧线翻掌缠按，掌置于身体左侧，掌指向左，掌心向下，成虎爪掌形；右掌随势而动，仍置于身体右侧上方，成二指掌形。同时左腿屈膝向前弧线摆脚落步；右脚随势蹬地助力。目视左侧。（图 4-39）

图 4-39

用法：在上动的基础上，甲方在身体左拧左腿屈膝向前弧线摆脚落步进身的同时，左臂向左往前弧线缠按乙之左臂，缠按之力要使其身体重心不稳。（图 4-39 用法）

图 4-39　用法

39. **练法**：上动不停。向
左拧旋转体的同时，左臂向左
往下弧线滚臂缠拢抓搂，掌置
于胸前左侧，掌沿向外，掌心
向下，成鹰爪掌形；右臂内
旋，随势向左弧线悠臂搂按，
掌置于身体右侧，掌沿向下，
掌心向左，成鹰爪掌形。同时
左腿屈膝左拧，脚掌向外碾，
足跟往里旋；右腿随势抬起，
向左往前弧线扣脚落步。目视
右侧。（图 4-40）

图 4-40

　　用法：上动不停。甲方身体左拧，右腿随势抬起向左往前
弧线扣脚落步转体进身的同时，用左臂向左往下弧线滚臂缠拢

乙之左臂，顺势抓掳其腕部，用右臂随势向左弧线搂按其颈部。（图4-40用法）

图4-40　用法

40. 练法：上动不停。身体左拧下伏右旋上起的同时，左臂外旋，向左往下弧线掳带于胯旁左侧，尔后向右往上弧线滚臂推按，掌置于腰前右侧，掌心向上，成鹰爪掌形；右臂内旋，向左往下经腰前左侧，尔后向右往上弧线滚臂搂拢，掌置于胸前，掌沿向外，掌心向

图4-41

下，成鹰爪掌形。同时双腿随势屈膝左拧右旋。目视左侧。（图4-41）

用法：在上动的基础上，左臂抓住乙之左腕随身体的左拧

下伏向左捋带于左胯旁，右掌按其颈部向左搂按于腰前左侧，尔后左臂随身体的右拧上起向右往上推按，左掌随势向右往上搂拢。同时双腿屈膝左拧右旋助力，使其处于被动之中。（图4-41用法及其附图）

图4-41　用法　　　　　　图4-41　用法附图

41. **练法：**上动不停。向右拧腰滚背的同时，右臂向右往下弧线屈肘拢捋，掌置于腰前右侧，掌沿向右，掌心向下，成鹰爪掌形；左臂外旋，随势向左往上弧线翻臂穿掌，掌置于胸前左侧，掌指螺旋向前，掌心向上，成螺旋掌形。同时双腿屈膝右拧。目视左侧。（图4-42）

用法：在上动的基础上，乙方头部闪开甲方右臂的搂拢。甲方随势向右拧腰滚背的同时，右臂向右往下弧线屈肘拢按乙之左臂，顺势捋其左腕，左臂随势向左往上弧线翻穿于其左臂腋下，同时双腿右拧助力。（图4-42用法）

图 4-42

图 4-42 用法

42. **练法**：上动不停。向左往上拧腰滚背的同时，左臂外旋，向左往上弧线屈肘滚臂翻提，掌置于身体左侧，掌指和掌心向上，成虎爪掌形；右臂抓掳，随势而动，掌置于胸前右侧，掌沿向外，掌心向下，成鹰爪掌形。同时双腿屈膝向左拧旋。目视左侧。（图4-43）

图 4-43

用法：上动不停。甲方在向左往上拧腰滚背双腿屈膝向左拧旋助力的同时，右手抓掳乙之左腕，左臂于其左臂腋下向左往上弧线屈肘滚臂翻提，使其脚下无根。（图4-43用法）

图 4-43 用法

43. **练法**：上动不停。向右拧腰滚背下伏的同时，左臂内旋，往下弧线屈肘滚挤拧点，掌置于腰前左侧，掌指斜形向下，掌心向后，成二指掌形；右臂外旋，随势向右弧线滚臂拧拽，掌置于腰前右侧，掌指向左，掌心斜形向上，成鹰爪掌形。同时双腿屈膝右拧，左脚蹬地助力。目视左侧。（图 4-44）

图 4-44

用法：在上动的基础上，乙方为保持身体平衡，自然向与其受力方向之反向施力。于是甲方随乙之势向右拧腰滚背的同时，右手抓住其左腕向下拧

拽，左臂向下弧线屈肘滚挤其身，拧点其心窝，使其身向后倾。（图4-44用法及其附图）

图4-44　用法　　　　　图4-44　用法附图

44.**练法**：上动不停。身体向左拧旋坐顶的同时，左臂外旋，向左往前弧线滚挤拧点，掌置于身体左侧，掌指向前，成二指掌形；右臂内旋，随势向左往前滚臂拧点，掌置于腰前左侧，掌指向前，成二指掌形。同时双腿屈膝左拧，右脚蹬地助力。目视前方。（图4-45）

用法：在上动的基础上，甲方在身体向左拧旋坐顶、双

图4-45

腿屈膝左拧助力的同时，用左臂向左往前弧线滚挤乙之胸，顺势拧点其喉部，右臂随势滚臂拧点其腰肋，将其击出。（图4-45用法）

图 4-45　用法

45. **练法**：上动不停。身体向左拧旋坐顶发力后，自然右旋，双腿屈膝自然右拧，双臂自然屈肘回收，双手均成二指掌形。畅胸拔顶，坐胯拧腰，目视左侧。成蛇形掌势。（图4-46）

图 4-46

第 37 至第 45 个动作的练法与用法要点

这是个转身旋拢、滚翻拧点的招术。要充分体现出圆力行使中自然变化的洒脱气势，并做到"腰如轴立含拧旋"，保持好身体重心的稳定。在练习中要有"无人当有人"的练习意识，做到"有的放矢"。

在用法上，对于乙方由身后的冲打，甲方通过感觉，采取以手开路，拧身而起离开原位的闪躲进身招术应对之。转身旋拢、滚翻拧点时，要做到黏得住、贴得紧，动其根、顺其势，做到"哪里接触哪里打"。

第五势掌——蛇盘拧旋坐盘掌

第一成手掌（第 1 至第 9 个动作）

1. **练法：**由蛇形掌势开始。（图 5-1）

用法：甲乙双方拉开战势，甲方为蛇形掌势；乙方左掌前伸，右掌置于胸前。双方对视。（图 5-1 用法）

图 5-1   图 5-1　用法

练法：向右拧腰滚背的同时，左臂内旋，向右弧线屈肘滚缠，掌置于腹前，掌指、掌心向下，成虎爪掌形；右臂随势而动，屈肘拢掌于腰前，掌沿向下，掌心向内，成鹰爪掌形。同时抬起左腿，屈膝向右往前弧线扣脚落步；右腿随势屈膝右拧。目视左侧。（图 5-2）

用法：乙方左拳虚晃甲之头部，突然击步向前的同时，用右臂击打甲方的腹部。甲方随势向右拧腰滚背，左腿前扣进身埋乙落步未稳的右腿，同时用左臂向右弧线滚缠乙之右臂，并以滚身侧进的身法，使乙之左掌的击打落空，右臂随势屈肘拢按其左臂之前臂，使其处于被动之中。（图 5-2 用法）

图 5-2　　　　　　　　　　　图 5-2　用法

2. **练法**：上动不停。身体左拧上起的同时，左臂外旋，向左往上弧线滚臂翻缠，掌置于身体左侧上方，掌指向上，掌心向右，成虎爪掌形；右臂内旋，随势向右屈肘拢按，掌置于身体右侧，掌沿向右，掌心向下，成虎爪掌形。同时双腿屈膝左拧；右脚蹬地助力。目视左侧。（图 5-3）

图 5-3

用法： 在上动的基础上，甲方在身体左拧上起的同时，用左臂向左往上弧线滚臂翻缠乙之右臂，翻缠时要背滚肩靠，同时双腿要屈膝左拧，加助左臂的翻缠之力。（图5-3用法）

图5-3　用法

3. **练法：** 上动不停。身体右拧下伏的同时，左臂外旋，向右往下弧线屈肘滚臂缠挟，掌置于腰前左侧，掌沿向右，掌心向上，成虎爪掌形；右臂随势屈肘按掌于腰前右侧，掌沿向右，掌心向下，成虎爪掌形。同时双腿屈膝右拧。目视左侧。（图5-4）

图5-4

用法：上动不停。甲方在身体右拧下伏左腿埋住乙之右腿的同时，用左臂向右往下弧线屈肘滚臂缠挟其右臂，将其右前臂及上臂挟别于腰后及胸前左侧。（图5-4用法及其附图）

图5-4　用法　　　　　　图5-4　用法附图

4. **练法：**上动不停。向右拧腰滚背的同时，左臂内旋，向右弧线屈肘滚臂挟带，掌置于腰前左侧，掌沿向外，掌心向下，成虎爪掌形；右臂随势而动，屈肘下按于腰前右侧，掌沿向右，掌心向下，成虎爪掌形。同时双腿屈膝向右拧旋。目视左侧。（图5-5及其附图）

图5-5

图 5-5　附图

用法：上动不停。甲方向右拧腰滚背双腿屈膝右拧助力的同时，用左臂挟住乙之右臂，向右弧线滚臂挟带，因其右臂处于反关节状态（极易被挟带）而处于被动之中。（图 5-5用法）

图 5-5　用法

5. **练法**：上动不停。向左悠身转体的同时，左臂外旋翻掌，向左弧线屈肘滚挟，掌置于腰前，掌指向右，掌心向上，成鹰爪掌形；右臂外旋，随势向前往上弧线滚臂穿探，掌置于身体右侧上方，掌指螺旋向右，掌心斜形向上，成螺旋掌形。同时右腿抬起，向前弧线扣脚落步；左腿随势屈膝左拧，脚掌向外碾，足跟往里旋。目视右侧。（图5-6）

用法：在上动的基础上，甲方在身体向左悠身转体右腿向前弧线扣脚落步进身的同时，左臂屈肘挟住乙之右臂，右臂随势向前往上弧线滚臂穿探其颈部。（图5-6用法）

图 5-6   图 5-6   用法

6. **练法**：向右拧腰滚背的同时，右臂内旋翻掌，向右往下弧线屈肘滚臂拢挟，掌置于腰前，掌沿向内，掌心向上，成虎爪掌形；左臂内旋，屈肘翻掌，掌置于腰前左侧，掌沿向外，掌心向下，成虎爪掌形。同时双腿屈膝右拧。目视右侧。（图5-7）

用法：在上动的基础上，乙因颈部受到甲之右臂的穿探而以反力应对时，甲方随势在向右拧腰滚背的同时，用右臂向右往下以圆旋之力屈肘拢挟乙之头部，同时双腿屈膝右拧助力。（图 5-7 用法）

图 5-7

图 5-7　用法

7. **练法**：身体向左往上拧旋上起的同时，右臂外旋，向左往上弧线拧挟，顺势上穿，掌置于身体右侧上方，掌指向上，成二指掌形；左臂随势屈肘按掌，掌置于腰前右侧，掌沿向外，掌心向下，成虎爪掌形。同时双腿屈膝左拧。目视右侧。（图 5-8）

图 5-8

用法： 在上动的基础上，甲方随势在身体向左往上拧旋上起的同时，右臂挟住乙之头部向左往上弧线拧挟，伤及颈部。如果乙方顺势拧身逃脱，左臂随势按打其肋。（图5-8 用法）

图5-8　用法

8. **练法：** 向右拧腰滚背随势跟进的同时，右臂内旋，向右往下屈肘拢挤顶打，掌置于腰前，掌沿向外，掌心向下，成二指掌形；左臂外旋翻掌，掌置于腹前右侧，掌指向右，掌心向上，成二指掌形。同时右腿屈膝独立；左腿随势抬起，屈膝后插空悬。目视右侧。（图5-9）

图5-9

用法：上动不停。乙方被动向后退身，甲方左腿随势后插跟进贴靠的同时，右臂向右往下屈肘拢挤其身，扼制其退身时的攻击，顺势顶打其胸。左掌置于右掌下方，做好身前防护。（图 5-9 用法）

图 5-9　用法

9. **练法：**向右拧身下伏的同时，右臂内旋，向右下弧线滚臂冲点，掌置于身体右侧，掌指向右，掌心向后，成二指掌形；左臂外旋，随势向左往上弧线抖臂穿掌，掌置于身体左侧上方，掌指向左，掌心向上，成二指掌形。同时左腿后插落步，双腿屈膝叠坐。目视右侧。（图 5-10）

图 5-10

用法：在上动的基础上，甲方左腿随势后插落步，不等乙方退身稳立，就在双腿叠坐冲靠其身的同时，以右臂向右下弧线滚臂冲点其下身，将其击倒。（图 5-10 用法）

图 5-10　用法

第 1 至第 9 个动作的练法与用法要点

这是个翻缠滚挟、叠坐冲点的招术。翻缠要有起伏的旋动劲势，滚身挟带要借翻缠之势，且要拧腰滚背，悠身而行之。叠坐冲点要借右臂拧挟之动，借势伏身而施之。

在用法上，针对乙方虚晃进身的击打，甲方采取身体右拧避开原位的滚身侧进，以左腿的前扣进身及左臂的滚缠制约之，为左臂随势翻缠挟带乙之右臂打下基础。右腿前扣落步的同时，右臂随势向前穿探其颈部，要借左臂翻缠挟带的悠身之势，继而右臂拧挟其头部。当乙方逃脱向后退身时，甲之左腿随势后插，叠坐冲点之。招术的实施，要重视拧旋起伏的身法，并紧随贴靠，顺势击之。

第二成手掌（第 10 至第 20 个动作）

10. **练法**：接上势。向左拧腰滚背上起的同时，左臂内旋，向左弧线滚臂缠拢，掌置于身体左侧，掌沿向左，掌心向下，成虎爪掌形；右臂外旋，随势向上弧线滚臂旋掌，掌置于身体右侧上方，掌沿向右，掌心向下，成虎爪掌形。同时双腿屈膝向左拧旋。目视左侧。（图 5-11）

用法：乙方于身后用右臂击打甲之头部。甲方向左拧腰滚背上起的同时，左臂向左弧线滚臂缠拢乙之右臂，同时双腿屈膝左拧助力。（图 5-11 用法）

图 5-11　　　　　　　　图 5-11　用法

11. **练法**：上动不停。身体向右拧旋下伏的同时，左臂外旋翻掌，随势向右往下弧线滚臂缠拢，掌置于腹前，掌沿向内，掌心向上，成虎爪掌形；右臂外旋转内旋，随势向左往下弧线屈肘滚拢，掌置于左肩旁，掌指向左，掌心向下，成鹰爪掌形。同时双腿略屈膝右拧。目视左侧。（图 5-12 及其附图）

图 5-12   图 5-12   附图

用法： 在上动的基础上，甲方随势身体向右拧旋下伏的同时，左臂向右往下弧线滚臂缠拢乙之右臂，右臂随势向左往下弧线屈肘滚拢于其右臂根部，乙之右臂受控于甲之双臂间。（图 5-12 用法及其附图）

图 5-12   用法   图 5-12   用法附图

12. **练法**：上动不停。身
体向左拧旋上起的同时，左
臂外旋，向左往上弧线滚臂
穿点，掌置于身体左侧上方，
掌指斜形向上，成二指掌形；
右臂随势向右往下抓捋带掌，
掌置于腰前，掌指向左，掌
沿向下，掌心向内，成鹰爪
掌形。同时双腿屈膝左拧，
右脚蹬地助力。目视左侧。
（图5-13）

图 5-13

用法：在上动的基础上，甲方在向左拧腰滚背上起的同
时，右臂随势向右往下拢按其右臂，顺势捋其腕部，左臂随势
向左往上弧线穿点其喉部。乙方随势左腿后移向左转身而走，
避开甲之左掌的穿点。（图5-13用法及其附图）

图 5-13　用法

图 5-13　用法附图

13. **练法**：上动不停。向左旋身而进的同时，左臂内旋，向左往下弧线滚拢，掌置于腰前左侧，掌沿向左，掌心向下，成虎爪掌形；右臂外旋，随势屈肘翻掌，掌置于腰前右侧，掌心向左，成虎爪掌形。同时左腿屈膝左拧独立；右腿随势抬起，屈膝空悬。目视左侧。（图 5-14）

图 5-14

用法：在上动的基础上，乙方向左拧身下伏、右臂拧拽、右腿抬起而走的同时，欲用左掌反臂击打甲之后腰。甲方紧贴其身，随势抬起右腿向左旋身而进的同时，左臂向左往下弧线滚拢其左臂。（图 5-14 用法及其附图）

图 5-14 用法

图 5-14 用法附图

14. **练法**：上动不停。继续向左拧腰滚背旋身而进的同时，左臂外旋转内旋，随势弧线滚臂拢捋，掌置于腰前左侧，掌沿向外，掌心向下，成鹰爪掌形；右臂外旋，随势向前往上弧线滚臂穿点，掌置于面前右侧，掌指斜形向上，掌心向内，成二指掌形。同时左腿继续屈膝左拧；右腿随势向前弧线扣脚落步。目视右侧。（图5-15及其附图）

图 5-15　　　　　　　图 5-15　附图

用法：在上动的基础上，甲方紧贴乙身，在乙方转身而走右脚落步的同时，甲方右腿前扣进身埋住其左腿，左臂随势弧线拢捋其左腕，右臂随势由其左臂下向右往上滚臂穿点其喉部。乙方闪身后仰，避开甲之右掌的穿点。（图5-15用法及其附图）

图 5-15　用法

图 5-15　用法附图

15. **练法**：继续向左拧腰滚背，双腿屈膝左拧坐盘转体的同时，左臂内旋，随势向左往后弧线滚臂拧点，掌置于身体左侧，掌指向左，掌心向后，成二指掌形；右臂外旋，随势向右往上弧线滚臂拧点，掌置于身体右侧上方，掌指斜形向右，掌心向上，成二指掌

图 5-16

形。同时右腿屈膝左拧掩压，脚掌向里碾，足跟外旋抬起；左腿屈膝左旋，脚掌向外碾，足跟往里旋，与右腿坐盘定势。目视左侧。（图5-16）

　　用法：在上动的基础上，甲方身向左旋，右腿屈膝向左掩压乙之左腿，双腿屈膝左拧坐盘，胯旋、背滚破其身体重心的

同时，左臂随势向左往后弧线滚臂拧点其后腰，双臂抖动，挣裹拧点，将其击出。（图5-16用法）

图5-16 用法

第10至第15个动作的练法与用法要点

这是个转身缠拢、坐盘拧点的招术。在拧腰滚背的转体中，双臂缠拢穿点，在双腿屈膝左拧坐盘的同时，拧胯挤靠、滚背拧点。动作要圆活、连续，有起有伏，并借势而行。

在用法上，针对乙方由背后的击打，甲方采取以手开路的转身缠拢招术应对之。甲方左臂借身体拧旋转体之势，向左往后弧线滚臂缠拢乙之右臂，形成主动攻击的局面。当乙转身而走时，甲方紧随其身，不予喘息之机而黏身贴靠。本着"腰如轴立含拧旋，上下肢体围着转"的战术思想，坐盘拧点之。

16. **练法：**接上势。向右拧腰滚背、转身而起的同时，右臂内旋，向右往上经顶前弧线滚臂翻缠，掌置于身体右侧，掌指斜形向右，掌心向下，成虎爪掌形；左臂外旋翻掌，掌置于

身体左侧，掌指向左，掌心向上，成虎爪掌形。同时双腿屈膝右拧上起。目视右侧。（图 5-17）

用法： 乙方于身后进身劈打甲之头部。甲方向右转身而起的同时，用右臂向右往上弧线滚臂翻缠乙之右臂，以圆旋坐顶之力使其身体重心不稳。（图 5-17 用法）

图 5-17

图 5-17　用法

17. **练法**：上动不停。身体先向左拧后向右旋悠身而动的同时，右臂外旋，向左往下弧线滚臂缠拢，掌置于腰前，掌指向前，掌心向上，成虎爪掌形；左臂内旋，随势向右往上经面前而后向下弧线滚臂拢按，掌置于胸前右侧，掌指向右，掌心向下，成虎爪掌形。同时右腿随势抬起，向左旋膝空悬；左腿屈膝独立。目视右侧。（图5-18）

用法：在上动的基础上，乙方在被动之中欲用右臂顺甲之右臂拢缠之势向下往右翻打甲之肋部。甲方随势在右腿抬起旋身而进的同时，右臂黏其右臂向左往下随势翻缠，左臂随势向下滚臂拢按，做好身前的防护。（图5-18用法）

图5-18　　　　　　　　　　图5-18　用法

18. **练法**：上动不停，向右悠身上起的同时，右臂外旋，向右往上弧线滚臂穿掌，掌置于身体右侧，掌指螺旋向前，掌心向上，成螺旋掌形；左臂随势而动，按掌于腰前，掌沿向外，掌指向右，掌心向下，成虎爪掌形。同时右腿屈膝向前弧线摆脚落步；左脚随势蹬地助力。目视右侧。（图5-19）

用法：在上动的基础上，甲方随势右腿屈膝前摆落步悠身而进的同时，右臂于乙之右臂下向右往上弧线滚穿，以坐顶之力撼其身体重心。（图5-19用法）

图5-19　　　　　　　　图5-19　用法

19.**练法：**上动不停，身体右拧下伏的同时，右臂内旋翻掌，向右往下弧线滚臂拢捋，掌置于胸前，掌指向左，掌心向下，成鹰爪掌形；左臂外旋，随势屈肘翻掌滚打，掌置于腰前，掌指向右，掌心向上，成虎爪掌形。同时右腿屈膝右拧，脚掌向外碾，足跟往里旋；左腿随势抬起，向右往前弧线扣脚落步。目视左侧。（图5-20）

用法：在上动的基础上，甲方随势左腿前扣进身，屈膝掩压乙之右腿的同时，右臂随势翻掌，向右往下弧线滚臂拢捋其右臂，左臂随势屈肘翻掌滚打其腰，使其处于被动之中。（图5-20用法）

图 5-20   图 5-20 用法

20. **练法**：上动不停。向右转身下伏，左腿向右往下掩压，双腿随势坐盘转体的同时，右臂内旋，向右往后弧线屈肘顶打，掌置于胸前右侧，掌指向左，掌心向下，成虎爪掌形；左臂内旋，随势屈肘翻掌向右弧线围点，掌置于腰前，掌指向右，掌心向下，成二指掌形。目视右侧。（图 5-21 及其附图）

图 5-21   图 5-21 附图

用法：在上动的基础上，乙方受到甲方的击打身体后倾。甲方右拧转身下伏，滚挤其身，左腿向右往下掩压乙之右腿，双腿随势坐盘的同时，右臂向右往后弧线屈肘顶打其背，将其击出。左臂随势向右围点，以防乙方突变的攻击。（图5-21用法）

图5-21　用法

第16至第20个动作的练法与用法要点

这是个转身翻缠、坐盘肘打的招术。在拧身转体右腿摆步进身中悠身翻缠，在拧腰滚背的坐盘中围身肘打。动作要圆活、协调，环环相连。

在用法上，甲方采取避开原位，旋身而起，以手开路的转身翻缠应对乙方背后的击打。右腿的摆步进身，增强了右臂缠穿乙之右臂的坐顶之力。乘其被动，左腿前扣掩压其右腿，双腿随势坐盘的同时肘打掌击之。

第三成手掌（第21至第41个动作）

21. **练法：**接上势。向左转身上起的同时，左臂内旋转外旋，向左往上弧线滚臂旋缠，掌置于身体左侧，掌指向上，掌心向右，成虎爪掌形；右臂内旋，随势向右弧线拢按，掌置于身体右侧，掌心向右，成虎爪掌形。同时双腿屈膝向左拧旋。目视左侧。（图5–22）

用法：乙方于身后用右臂击打甲之头部。甲方转身向左拧腰滚背的同时，用左臂向左往上弧线滚臂旋缠乙之右臂。同时双腿屈膝左拧上起，助左臂之力，并以圆旋坐顶之力撼其根部，迫使其身后倾。（图5–22用法）

图5–22

图5–22　用法

22. **练法：**上动不停。身体右拧下伏的同时，左臂外旋，向右往下经腹前而后向左往上弧线滚臂缠穿，掌置于胸前左侧，掌指向上，掌心斜形向内，成二指掌形；右臂外旋，向左往上经面前而后内旋向下往右弧线滚臂拢掳，掌置于腰前右侧，掌沿向外，掌心向下，成鹰爪掌形。同时左腿随势抬起，略向右往前弧线扣脚落步；右腿屈膝右拧。目视左侧。（图5-23）

　　用法： 在上动的基础上，甲方身体右拧下伏，左腿略向右往前弧线扣脚落步，埋住乙之右腿的同时，左臂向右往下将乙之右臂下缠于腹前，右臂随势拢其右上臂，而后左臂于其右臂下向左往上弧线滚臂缠穿，右臂顺势向右往下掳其右腕，使其处于被动之中。（图5-23用法）

图 5-23　　　　　　　　　　图 5-23　用法

　　23. **练法：** 上动不停。身体向左拧旋坐顶的同时，左臂外旋，向左往上弧线滚臂穿点，掌置于身体左侧，掌指向前，掌心向上，成二指掌形；右臂随势向左抖臂送掌，掌置于腰前，掌沿向外，掌心向下，成鹰爪掌形。同时双腿屈膝左拧。右脚蹬地助力。目视左侧。（图5-24）

用法：在上动的基础上，乙方为保持身体平衡身向右拧，欲抽出右臂，甲方随势击之。于是以左腿埋住乙之右腿，在身体向左拧旋坐顶右脚蹬地助力的同时，左臂于其右臂下向左往上弧线滚臂穿点其喉部，右手抓其右腕随势向左往上抖臂送掌，将其击出。（图 5-24 用法）

图 5-24　　　　　　　　　　图 5-24　用法

第 21 至第 23 个动作的练法与用法要点

这是个旋缠扣埋穿点的招术。动作时要拧腰滚背，有悠身而进的冲靠气势。动作要圆活、协调，一气呵成。

在用法上，甲方采取左臂借拧腰滚背的转身旋缠应对身后乙之右臂的击打。左臂的旋缠要依靠身体拧旋起伏之力，动其右臂根节，在其被动之中左腿前扣，埋其右腿，滚臂穿点其喉。

24. **练法：**上动不停。向右拧腰滚背的同时，左臂内旋，向右往上经面前弧线滚臂缠拢，掌置于身体左侧，掌心向下，成虎爪掌形；右臂随势外旋翻掌，掌置于腰前右侧，掌沿向内，掌心向上，成虎爪掌形。同时双腿屈膝右拧。目视左侧。（图5-25）

用法：乙方左腿前迈进身的同时，用左臂击打甲之头部。甲方向右拧腰滚背的同时，左臂向右往上弧线滚臂缠拢乙之左臂，同时双腿屈膝右拧，助左臂缠拢之力。（图5-25用法）

图 5-25　　　　　　　　　　图 5-25　用法

25. **练法：**上动不停。向左拧腰滚背往下伏动的同时，左臂内旋，向左往下弧线滚臂缠拢，顺势抓捋，掌置于左肋旁，掌指向右，掌心向下，成鹰爪掌形；右臂外旋，随势屈肘旋掌，掌置于腰前右侧，掌心斜形向上，成虎爪掌形。同时左腿屈膝左拧独立，脚掌向外碾，足跟往里旋；右腿随势抬起，向左掩膝顶打空悬。目视右侧。（图5-26）

用法：在上动的基础上，甲方随势在向左拧腰滚背下伏的同时，左臂向左往下弧线缠拢乙之左臂，顺势抓捋其腕部。右

臂随势屈肘旋掌置于腹前右侧，做好穿点其身的准备。同时右腿向左掩膝顶打其左胯。（图 5-26 用法）

图 5-26

图 5-26　用法

26. **练法：**上动不停。身体继续左拧下伏的同时，右臂随势屈肘向左往前弧线滚挤，掌置于腰前，掌心向上，成虎爪掌形；左掌随势向下弧线捋按，掌置于腰前左侧，掌指向右，掌心向下，成鹰爪掌形；同时左腿屈膝左拧，脚掌向外碾，足跟往里旋；右腿随势向前弧线掩膝扣脚落步。目视右侧。（图5-27）

图 5-27

用法：在上动的基础上，甲方身体继续左拧下伏，右腿屈膝向前弧线扣步，掩压乙之左腿的同时，左掌捋按其左腕，右臂于其左臂下，向左往前屈肘滚挤其肋。（图5-27用法）

图5-27　用法

27. 练法：上动不停。身体右拧上起的同时，右臂外旋，向右往上弧线滚臂上穿，掌置于面前，掌指斜形向上，掌心向上，成二指掌形；左臂随势向左捋按，掌置于腰前左侧，掌指向右，掌心向下，成鹰爪掌形。同时双腿随势屈膝右拧。目视右侧。（图5-28）

图5-28

用法： 在上动的基础上，甲方向右拧腰滚背，右腿屈膝拧拱乙之左腿的同时，左手向左捋按其左腕，右臂向右往上弧线滚臂上穿其左腋，使其脚下无根。（图5-28用法）

28. **练法：** 上动不停。身体左拧下伏的同时，右臂内旋，向右往下弧线屈肘翻臂顶挤拧点，掌置于腰前右侧，掌指向下，掌心向后，

图5-28　用法

成二指掌形；左臂屈肘随势捋按，掌置于腹前左侧，掌沿向下，掌心向内，成鹰爪掌形。同时双腿屈膝左拧。目视右侧。（图5-29）

图5-29

用法： 在上动的基础上，乙方为保持身体平衡，用力对抗甲之右臂的滚穿之力。甲方顺乙之势，身体左拧下伏，紧贴其身，右腿埋住其左腿的同时，左手捋其左腕，右臂向右往下屈肘翻臂顶挤其胸，拧点其下身，迫使其身后坐。（图5-29用法）

图 5-29　用法

29. **练法：** 上动不停。身体向右拧旋坐顶的同时，右臂内旋，向右往上以肘带手弧线滚臂拧点，掌置于身体右侧，掌指向前，掌心向后，成二指掌形；左臂随势向右弧线送掌，顺势点扎，掌置于腰前，掌指向右，掌沿向下，成二指掌形。同时右腿屈膝向右拧拱；左腿屈膝左拧，蹬地助力。目视右侧。（图5-30）

用法： 在上动的基础上，甲方在身体向右拧旋坐顶、右腿屈膝向右拧拱乙之左腿的同时，右臂向右往上以肘带手弧线滚臂顶挤其身，拧点其胸。左臂随势向右抖臂送掌，顺势点扎其身。将其击倒。（图5-30用法）

图 5-30

图 5-30　用法

第 24 至第 29 个动作的练法与用法要点

这是个滚缠掳穿、翻臂拧点的招术。滚臂缠拢要拧腰滚
背，掳穿要借滚缠之势，滚缠掳穿要有悠身而进的坐顶气势，

为翻臂拧点打下基础。动作要圆活、协调，丝丝相扣，一气呵成。

在用法上，甲方采取拧腰滚背侧身与乙相对的左臂缠拢封阻其左臂的击打，尔后右腿随势前扣埋其腿部的同时，双臂捋拽滚穿其身，继而本着"术变动作连续赶"的战术思想，顺乙之势翻臂拧点之。

30. **练法**：接上势。向左拧腰滚背悠身而动的同时，右臂内旋，向左往下弧线滚臂缠拢，掌置于身体右侧，掌沿向右，掌心向下，成虎爪掌形；左臂随势而动，屈肘按掌，掌置于腰前，掌沿向外，掌心向下，成虎爪掌形。同时双腿屈膝向左拧旋。目视右侧。（图5-31）

用法：乙方用右臂击打甲之胸部，甲方在向左悠身而动的同时，右臂向左弧线滚臂缠拢其右臂，左臂屈肘按掌于腰前，做好身前的防护。同时双腿屈膝左拧，助右臂之力。（图5-31 用法）

图 5-31

图 5-31　用法

31. **练法：** 上动不停。身体右拧上起的同时，右臂外旋，向右往上经顶前而后向下弧线滚臂翻缠，掌置于身体右侧，掌指向前，掌心向下，成鹰爪掌形；左臂外旋，随势向左往上滚臂扬掌，掌置于身体左侧上方，掌指向左，掌心向上，成虎爪掌形。同时右腿屈膝右拧独立；左腿随势抬起，屈膝空悬。目视右侧。（图 5-32）

用法： 在上动的基础上，甲方在身体右拧上起的同时，右臂于乙之右臂下向右往上弧线滚臂上翻，尔后向下缠按，使其身体前倾。同时左腿抬起，左掌上扬，准备进身攻击。（图 5-32 用法）

图 5-32

图 5-32　用法

32 **练法：** 上动不停。向右拧旋悠身而进的同时，右臂外旋，向右往下弧线滚臂缠搂，掌置于腰前，掌沿向外，掌心向下，成鹰爪掌形；左臂内旋，随势向前往下弧线滚臂掖按，掌置于左胯旁，掌沿向左，掌心向下，成虎爪掌形。同时右腿屈膝右拧，脚掌向外碾，足跟往里旋；左腿随势向前弧线扣脚落

步。目视左侧。（图 5-33 及其附图）

图 5-33　　　　　　　　　图 5-33　附图

用法： 在上动的基础上，甲方向右拧旋悠身而进，左腿随势前扣落步，埋乙右腿的同时，右臂向右往下弧线滚臂缠拢其右臂，顺势搌其腕部。左臂随势向前弧线滚臂掤按其右臂，肘顶其胸，使其身后坐。（图 5-33 用法及其附图）

图 5-33　用法　　　　　　图 5-33　用法附图

33. **练法：**上动不停。身体向左拧旋坐顶的同时，左臂外旋，向左往上弧线抖臂拧点，掌置于身体左侧，掌指向左，掌心向上，成二指掌形；右臂外旋，随势向右往上抖臂拧点，掌置于身体右侧，掌指向右，掌心向上，成二指掌形。同时左腿屈膝向左拧拱；右腿随势屈膝左旋，蹬地助力。目视左侧。（图5-34）

用法：在上动的基础上，甲方随势身体向左拧旋坐顶，左腿屈膝向左拧拱乙之右腿的同时，左臂以肘带手向右往上弧线屈肘顶挤其胸，拧点其喉，右臂随势向右往上抖臂拧点，一则助左臂挣裹之力，二则击打右侧之敌。全身坐顶发力，将其击出。（图5-34用法）

图5-34   图5-34　用法

第30至第33个动作的练法与用法要点

这是个旋缠翻按、拢掖拧点的招术。旋臂而缠，翻臂而按，动作圆活，不可分断。拢掖拧点要借旋缠翻按之势。其身法要拧腰滚背，其力要拧旋坐顶。

在用法上，甲方以悠身而动的右臂缠拢，应对乙之右臂的击打。缠拢乙之右臂要拧腰滚背，借用全身的整力，以实现"一动先使你失中"的战术思想。在其被动之中，左腿前扣进身，实施拢掖拧点的招术。

34. **练法**：接上势。向右拧腰滚背的同时，左臂内旋，向右往上经面前而后向下弧线滚臂缠拢，掌置于身体左侧，掌沿向前，掌心向下，成虎爪掌形；右臂内旋随势而动，掌置于身体右侧，掌沿向后，掌心向下，成虎爪掌形。同时双腿屈膝右拧。目视左侧。（图5-35）

用法：乙方进身用左拳击打甲之面部。甲方随势在向右拧腰滚背的同时，左臂向右弧线滚臂缠拢乙之左臂，同时双腿屈膝右拧，助左臂缠拢之力。（图5-35用法）

图 5-35   图 5-35 用法

35. **练法**：上动不停。向左悠身下伏的同时，左臂内旋，向左往下弧线滚臂缠捋，掌置于腰前，掌沿向外，掌心向下，成鹰爪掌形；右臂外旋，向左往下经胯旁而后向上往前滚臂穿掌，掌置于身体右侧，掌指螺旋向右，掌心向上，成螺旋掌形。同时左腿屈膝左拧，脚掌向外碾，足跟往里旋；右腿随势抬起，向前弧线掩膝扣脚落步。目视右侧。（图 5–36）

用法：在上动的基础上，甲方向左悠身下伏，右腿随势前扣落步，埋乙左腿的同时，左臂向左往下弧线滚臂缠拢其左臂，顺势捋其腕部，右臂随势向左往前滚臂穿于其左臂腋下。（图 5–36 用法）

图 5–36　　　　　　　　图 5–36　用法

36. **练法**：上动不停。身体右拧上起的同时，右臂内旋，向右往上经面前弧线滚臂翻拢，掌置于身体右侧，掌沿向右，掌心向下，成虎爪掌形；左臂外旋，随势向左弧线翻掌，掌置于身体左侧，掌指向左，掌心向上，成虎爪掌形。同时右腿屈

膝右拧，脚掌向外碾，足跟往里旋；左腿随势屈膝右旋，足跟抬起。目视右侧。（图 5-37）

用法：上动不停，甲方右腿埋住乙之左腿，向右拧身上起的同时，右臂于其左臂腋下，向右弧线上翻。乙方被迫向右往后拧腰滚背转身而走的同时，用右臂旋劈甲之头部，甲方随势用右臂向下翻拢。（图 5-37 用法）

图 5-37   图 5-37　用法

37. **练法：**上动不停。身体继续向右拧旋的同时，右臂外旋，向左往下弧线滚臂围拢，掌置于腰前，掌沿向下，掌心向左，成虎爪掌形；左臂内旋，向右弧线旋围，掌置于身体左侧，掌心向下，成虎爪掌形。同时右腿屈膝右拧独立，脚掌向外碾，足跟往里旋；左腿随势抬起，向右屈膝空悬。目视右侧。（图 5-38）

用法：上动不停。乙方被迫向右拧身而走的同时，甲方右腿屈膝右拧，左腿抬起紧随其身的同时，右臂向左往下弧线滚

臂围拢其右臂，左臂做好围打其身的准备。（图5-38用法）

图5-38   图5-38　用法

38. **练法：** 上动不停。身体继续右拧的同时，右臂外旋翻掌，继续向左往下弧线滚臂围拢，掌置于腰前，掌沿向内，掌心向上，成鹰爪掌形；左臂内旋，向右弧线围打，掌置于身体左侧，掌心向下，成鹰爪掌形。同时右腿继续屈膝右拧，脚掌向外碾，足跟往里旋；左腿随势向右往前弧线扣脚落步。目视左侧。（图5-39）

图5-39

用法：上动不停。甲乙双方在旋身而动的基础上，甲之左腿随势向右往前弧线扣脚落步，紧随乙身的同时，用右臂向左往下围拢其右臂，用左臂向右弧线围打其头部。乙方左腿前扣落步的同时，闪身避开击打。（图5-39用法及其附图）

图5-39　用法　　　　　图5-39　用法附图

39.**练法：**上动不停。向左拧腰滚背的同时，左臂外旋，向左往上经面前而后向下弧线滚臂翻掌拢按，掌置于腰前，掌指向右，掌心向下，成鹰爪掌形；右臂内旋，随势向左上弧线经左前臂外侧屈肘滚臂翻拢掖压挤靠，掌置于身体右侧，掌指向下，掌心向右，成二指掌形。同时双腿屈膝左拧。目视右侧。（图5-40）

图5-40

用法： 在上动的基础上，乙方为摆脱被动局面，向右拧身的同时用左掌击打甲之头部。甲方随势向左拧腰滚背的同时，以左臂向左弧线滚臂翻掌拢按乙之左臂，右臂随势向左弧线滚臂翻拢掖压其左臂根部，挤靠其胸，做好掖点其身的准备，同时双腿屈膝左拧助力。（图5-40用法及其附图）

图5-40　用法　　　　　　　　图5-40　用法附图

40. **练法：** 上动不停。身体向右拧旋坐顶的同时，右臂内旋转外旋，以肘带手向右弧线滚臂掖点，掌置于身体右侧，掌指向前，掌心向下，成二指掌形；左臂内旋，随势向右推按顺势掖点，掌置于胸前右侧，掌指向前，掌心向下，成二指掌形。同时双腿屈膝右拧助力。目视右侧。（图5-41）

用法： 在上动的基础上，甲方在身体向右拧旋坐顶肩靠胯滚乙身的同时，右臂以肘带手向右滚顶其胸，掖点其喉，左臂随势向右推按其左臂掖点其胸窝。同时双腿屈膝右拧，全身坐顶发力，将其击倒。（图5-41用法）

图 5-41

图 5-41　用法

41. **练法：**上动不停。全身坐顶发力后，身体自然左拧，双腿随之屈膝左旋，双臂屈肘回收，均成二指掌形。目视右侧。畅胸拔顶，成蛇形掌势。（图5-42）

图5-42

第34至第41个动作的练法与用法要点

这是个转身翻围、滚翻掖点的招术。在双臂缠捋翻拢的基础上转身围打，继而双臂滚翻掖点之。要求动作圆活、连续，显示出拧腰滚背、旋身跟进的气势。

在用法上，甲方以圆旋之动的左臂缠拢应对乙之左拳的进身击打，尔后在悠身而动，右腿前扣落步埋其腿部，冲靠其身，迫使其转身而走的基础上，双臂旋翻围打。其高低变化的弧线交错轨迹，突显了阴阳变化的哲理，又以随其势、贴其身的"沾连黏随"战术，步步紧逼对方，在其被动之中滚翻掖点之。

第六势掌——蛇弹摇摆滚翻掌

第一成手掌（第 1 至第 10 个动作）

1. **练法**：由蛇形掌势开始。（图 6-1）

用法：甲乙双方拉开战势，甲方为蛇形掌势；乙方左掌置于胸前，右掌前伸。双方对视。（图 6-1 用法）

图 6-1　　　　　　　　　　图 6-1　用法

练法：身体向左旋闪上起的同时，右臂外旋，向左往上经顶前弧线屈肘滚缠，掌置于面前左侧，掌心向上，成虎爪掌形；左臂随势而动，按掌于腰前，掌沿向外，掌心向下，成虎爪掌形。同时右腿随势抬起，向左屈膝空悬；左腿随势屈膝独立。目视右侧。（图 6-2）

用法：乙方击步向前的同时，用左掌击打甲之头部。甲方随势抬起右腿，向左闪身而进的同时，用右臂向左滚缠其左臂，左臂按掌于腰前，做好身前防护。（图6-2用法）

图6-2

图6-2　用法

2. **练法：**上动不停。身体右拧下伏的同时，右臂内旋翻掌，向右往前下弧线屈肘翻臂缠压顶挤，掌置于腰前右侧，掌沿向外，掌指向下，成二指掌形；左臂随势而动，掌置于腰前右侧，掌沿向下，掌心向内，成二指掌形。同时右腿屈膝向左往前摆脚落步；左脚随势蹬地助力。目视右侧。（图6-3）

图6-3

　　用法：在上动的基础上，甲方在身体右拧下伏右腿屈膝向左往前摆脚落步进身的同时，右臂向右往前下弧线屈肘翻臂缠压乙之左臂，顺势顶挤其胸。左掌做好身前防护。右掌随翻臂缠压后，由虎爪掌转为二指掌直指其胸窝，迫使其身体后倾。（图6-3用法）

图 6-3　用法

　　3. **练法：**上动不停。身体向右拧旋坐顶的同时，右臂内旋，向右往前下弧线滚臂缠压弹点，前臂向内拧翻，掌置于身体右侧，掌指向右，掌心向后，成二指掌形；左臂随势向右往前弧线抖臂弹点，掌置于腰前右侧，掌指向右，成二指掌形。同时双腿略屈膝右拧。目视右侧。（图6-4）

图 6-4

用法：上动不停。甲方身体向右拧旋坐顶的同时，用右臂滚臂借缠压乙左臂之势，弹点其喉部，左臂随势往前弧线抖臂弹点其身，使其后跌倒。（图6-4用法）

图6-4　用法

第1至第3个动作的练法与用法要点

这是个摇身翻缠、摆身弹点的招术。在旋闪的同时，翻缠如摇身之动；在摆步进身的同时，弹点似摆身之动，一摇一摆的起伏变化形成悠身之势，在悠身之中完成封进一体的击打招术。要求动作圆活、协调，一气呵成。

在用法上，甲方以旋闪而进的右臂翻缠应对乙之左臂的进身击打，以实现以柔克刚，化解其刚猛之力及引身而入的战术思想。摆身弹点其身时，要做到靠其身、顺其势，全身抖动发力，发力时要气沉丹田。

4. **练法：**接上势。身体先向左拧上起后向右旋下伏的同时，右臂外旋，向左往上经面前而后内旋向右往下弧线滚臂缠拢，掌置于胸前右侧，掌沿向前，掌心向下，成虎爪掌形；左臂随势而动，掌置于胸前，掌沿向下，掌心向内，成虎爪掌形。同时右腿随势屈膝独立；左腿抬起，屈膝空悬。目视右侧。（图6-5）

用法： 乙方右腿前迈进身的同时，用右掌击打甲之头部。甲方随势在身体拧腰滚背左腿随势抬起进身的同时，右臂向左往上而后向右往下弧线滚臂缠拢乙之右臂，左掌置于胸前，做好下一步攻击的准备。（图6-5用法）

图 6-5　　　　　　　　　　图 6-5　用法

5. **练法：** 上动不停。身向右拧悠身而进的同时，右臂向右往下弧线滚臂缠按，掌置于腹前，掌沿向下，掌心向内，成虎爪掌形；左臂随势屈肘前顶，掌置于胸前右侧，掌沿向下，掌心向内，成虎爪掌形。同时右腿屈膝向右拧旋，脚掌向外碾，足跟往里旋；左腿随势向前弧线扣脚落步。目视左侧。（图6-6及其附图）

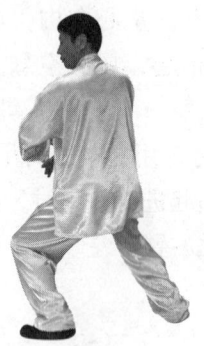

图 6–6   图 6–6   附图

用法： 上动不停。甲方身向右拧悠身而进的同时，左腿向前弧线扣脚落步，埋住乙之右腿的同时，右臂向右往下弧线滚臂缠按其右臂，左臂随势屈肘于其右臂上方，顶挤其身。（图6–6用法及其附图）

图 6–6   用法   图 6–6   用法附图

6. **练法**：上动不停。身体向左拧旋坐顶的同时，左臂内旋，向左往上弧线反臂弹击，掌置于身体左侧，掌背向左，掌沿向下，成虎爪掌形；右臂随势而动，掌拢于腰前，掌指向左，掌心向内，成虎爪掌形。同时左腿屈膝向左拧拱；右脚随势蹬地助力。畅胸拔顶，目视左前方。（图6-7）

用法：上动不停。甲方在身体向左拧旋坐顶、左腿屈膝向左拧拱乙之右腿、右脚随势蹬地助力的同时，右臂下拢乙之右臂，左臂向左往上弧线反臂弹击其面部，将其击出。（图6-7用法）

图6-7   图6-7 用法

7. **练法**：上动不停。向右拧腰滚背的同时，左臂内旋，向右往下弧线滚臂拢压，掌置于腰前，掌沿向外，掌心向下，成虎爪掌形；右臂外旋，前臂屈肘外翻，向右往上弧线滚挤，掌置于胸前右侧，掌指螺旋向上，掌心向内，成螺旋掌形。同时双腿随势屈膝右拧。目视右前方。（图6-8）

用法：乙方右腿前迈进身的同时，用右臂击打甲之胸部。甲方在向右拧腰滚背的同时，左臂向右往下弧线滚臂拢压乙之右臂，右臂随势屈肘向右往上弧线滚挤其右臂根部。（图6-8用法）

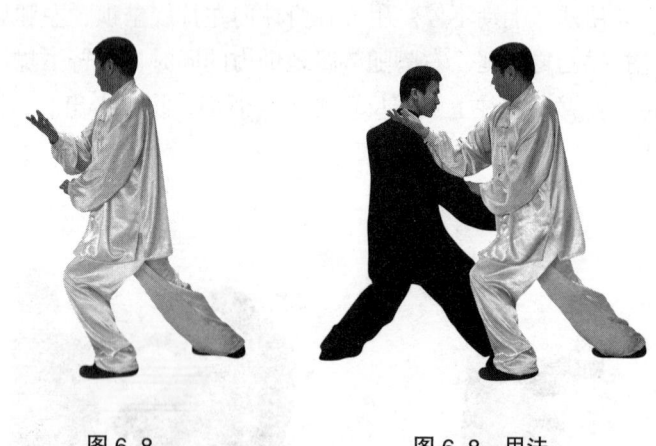

图6-8　　　　　　　　图6-8　用法

8. **练法**：上动不停。身体右拧上起的同时，右臂内旋翻掌，向右弧线反臂弹击，掌置于身体右侧，掌背向右，掌沿向下，成虎爪掌形；左臂随势按掌于腹前右侧，掌指向右，掌心向下，成虎爪掌形。同时左腿屈膝右拧独立；右腿随势抬起，屈膝顶打空悬。目视右前方。（图6-9及其附图）

用法：上动不停。甲方在身体右拧上起、右腿随势抬起、屈膝顶打乙之腹部的同时，左臂拢按其右臂，右臂向右弧线反臂弹击其头部。乙方被动而转身躲闪。（图6-9用法及其附图）

图 6-9

图 6-9 附图

图 6-9 用法

图 6-9 用法附图

9. **练法**：上动不停。左腿屈膝右拧，脚掌向里碾，足跟往外旋；右腿随势向右往后弧线旋膝后插落步拧身转体的同时，右臂内旋，向右往下弧线滚臂拢按，掌置于腰前，掌沿向外，掌心向下，成虎爪掌形；左臂外旋，随势向右往上弧线屈肘滚压顶挤，掌置于胸前左侧，掌沿向下，掌心向内，成虎爪掌形。目视左前方。（图6-10）

用法：在上动的基础上，乙方在左腿前落转身的同时，用左拳击打甲方。甲方随势左腿屈膝右拧，右腿向右往后弧线旋膝后插落步转身避开其左拳击打的同时，右臂拢按其左臂，左臂随势向上屈肘滚压其左臂根部，肘顶其胸。（图6-10用法）

图6-10   图6-10　用法

10. **练法**：上动不停。身体向左拧旋的同时，左臂内旋，向左往上弧线反臂弹击，掌置于身体左侧，掌沿向下，掌背向左，成虎爪掌形；右臂随势而动，拢掌于腰前，掌沿向下，掌心向内，成虎爪掌形。同时双腿随势屈膝左拧。目视左前方。（图6-11）

用法：在上动的基础上，甲方身体向左拧旋的同时，左臂以肘带手，向左往上弧线反臂弹击乙之面部，右臂随势拢掌于腰前，做好身前防护。全身坐顶抖臂发力，将其击倒。（图6-11用法）

图6-11   图6-11 用法

第4至第10个动作的练法与用法要点

这是个转身滚拢、摇摆滚弹的招术。双臂在转身插步中滚拢，在滚拢中腰拧、背滚、臂旋，其身一摇一摆，其臂一拢一弹，其步一扣一插。动作要圆活、协调，一气呵成。

在用法上，甲方以右臂随左腿弧线旋扣进身之势的滚臂缠拢按压应对乙之右臂的击打，左掌借势反臂弹击。甲方又以滚身侧进的左臂滚拢，右臂反臂弹击应对另侧乙之右臂的击打。当其躲闪而走时，步随其身，转身紧逼之。本着"你强我柔柔中刚，你漏我钻钻中防"的战术思想，突出封打同步的连击气势。在招术运用中，做到侧身应对之。

第二成手掌（第 11 至第 17 个动作）

11. **练法：**接上势。向左悠身而起的同时，左臂内旋，向左往上经顶前弧线滚臂缠拢，掌置于身体左侧，掌心向下，成虎爪掌形；右臂外旋，随势向右往上弧线滚臂扬掌，掌置于身体右侧，掌指向右，掌心向上，成虎爪掌形。同时左腿屈膝左拧，脚掌向外碾，足跟往里旋；右腿随势抬起，屈膝空悬。目视左前方。（图 6-12）

用法：乙方于甲之左侧进身的同时，用左臂劈打甲之头部。甲方随势左腿屈膝左拧，右腿随势抬起，向左悠身而起的同时，左臂向左弧线滚臂缠拢乙之左臂，右臂扬掌，做好下一步进身攻击的准备。（图 6-12 用法）

图 6-12   图 6-12　用法

12. **练法：**上动不停。向左拧身转体的同时，左臂外旋，向左往下弧线滚臂缠拢抓掳，掌置于腰前左侧，掌心向下，成鹰爪掌形；右臂内旋，随势向左往上经面前弧线滚臂拢按，掌置于身体右侧，掌沿向下，掌心向左，成虎爪掌形。同时左腿屈膝左拧，脚掌向外碾，足跟往里旋；右腿随势屈膝向左弧线扣脚落步。目视右侧。（图6-13）

用法：上动不停。甲方在向左拧身转体、右腿随势屈膝向左弧线扣脚落步进身的同时，左臂向左弧线滚臂缠拢乙之左臂，顺势捋其腕部，右臂随势向左弧线滚臂拢按其颈部。（图6-13用法）

图6-13   图6-13 用法

13. **练法：**在上动的基础上向右悠身而动的同时，右臂内旋，向右下弧线滚臂拢搂，掌置于胸前，掌沿向外，掌心向下，成虎爪掌形；左臂外旋，随势向右弧线掖按，掌置于腹前右侧，掌指向右，掌心向上，成鹰爪掌形。同时双腿屈膝右拧，左脚蹬地助力。目视左侧。（图6-14）

用法：上动不停。向右悠身而动的同时，右臂向右下弧线滚臂拢搂乙之颈部，左臂抓其左腕，随势向右弧线掖按，同时双腿屈膝右拧助力，使乙方处于被动之中。（图 6–14 用法及其附图）

图 6–14

图 6–14　用法

图 6–14　用法附图

14. **练法：** 上动不停。向左悠身上起的同时，左臂内旋，以肘带手向左往上弧线翻臂顶打弹击，掌置于身体左侧，掌背向后，掌沿向下，成虎爪掌形；右臂弧线屈肘下拢，掌置于腰前，掌指向左，掌心向内，成虎爪掌形。同时左腿抬起，向右屈膝顶打兜提空悬；右腿随势支撑独立。目视左前方。（图6-15）

用法： 上动不停。甲方随势向左悠身上起，左腿向右屈膝顶打兜提乙之左腿的同时，左臂随势屈肘下拢其头部，右臂向左往上翻臂以肘打其肋，以掌弹其面，将其击倒。（图6-15用法）

图 6-15   图 6-15   用法

第 11 至第 14 个动作的练法与用法要点

这是个悠身转体、缠拢翻弹的招术。双臂在悠身转体中缠拢，在缠拢的基础上翻弹。动作要圆活、协调，环环相连，不可间断。身体要有起有伏，拧腰滚背而行之。

在用法上，甲方采用左腿屈膝左拧，悠身而起的左臂弧线缠拢，应对乙之左臂的劈打。缠拢要有力催其根的抖臂之力，继而为右腿扣步进身打下基础。双臂在缠掳其左腕、按其颈部时，要借悠身之旋力。左腿向右屈膝顶打兜提乙之左腿与左臂向左翻弹其面部要同时动作，使剪力效应作用其身。

15. **练法**：上动不停。向右悠身下伏的同时，左臂外旋，向右往上经面前弧线滚拢，掌置于面前左侧，掌心向上，掌沿向右，成螺旋掌形；右臂向右弧线屈肘拢按，掌置于腰前，掌沿向下，成虎爪掌形。同时右腿屈膝右拧独立；左腿向前掩膝空悬。目视左掌。（图6-16）

用法：乙方进身的同时，用右臂撞打甲之头部。甲方随势向右悠身下伏进身的同时，左臂向右弧线滚拢乙之右臂，右掌置于腰前，做好身前的防护。（图6-16用法）

图6-16　　　　　　　　　　图6-16　用法

16. **练法**：上动不停。继续向右往前悠身下伏的同时，左臂继续向右往下屈肘滚拢，掌置于腰前，掌心向上，成虎爪掌形；右臂随势而动，掌仍置于腰前，成虎爪掌形。同时左腿屈膝拧胯，向前弧线扣脚落步；右腿随势屈膝右拧。目视左前方。（图 6–17）

用法：上动不停。甲方继续向右往前悠身而进，左腿向前弧线扣脚落步埋住乙之右腿的同时，左臂继续向右往下屈肘滚拢其右臂，使其处于被动之中。（图 6–17 用法）

图 6–17   图 6–17　用法

17. **练法**：上动不停。身体向左拧旋坐顶的同时，左臂内旋，向左往上弧线翻臂弹击，掌置于身体左侧，掌沿向下，掌背向左，成虎爪掌形；右臂随势而动，掌仍置于腰前，掌沿向下，成虎爪掌形。同时双腿屈膝左拧，右脚随势蹬地助力。目视左前方。（图 6–18）

用法：在上动的基础上，身体向左拧旋坐顶的同时，左臂

以肘带手，向左往上翻臂弹击乙之面部，右掌置于腰前，做好身前防护。同时双腿屈膝左拧助力，将其击倒。（图 6-18 用法）

图 6-18   图 6-18 用法

第 15 至第 17 个动作的练法与用法要点

这是个悠身滚拢翻弹的招术。在左腿前扣悠身而进的同时，左臂滚拢，在滚拢的基础上翻臂弹击。动作要圆活、连续，要有按弹坐顶的抖臂之力。

在用法上，针对乙方进身右臂的撞打，甲方左臂借助于向右悠身下伏，左腿弧线前扣落步，埋住乙之右腿的旋进之力，使其冲打之力落空，引身而入，继而翻弹之。

第三成手掌（第 18 至第 29 个动作）

18. **练法**：接上势。向左拧腰滚背的同时，左臂内旋，向左往上经面前弧线滚臂缠拢，掌置于身体左侧，掌沿向左，掌心向下，成虎爪掌形；右臂内旋，随势而动，掌置于腰右侧，掌心向下，成虎爪掌形。同时双腿屈膝左拧，右脚随势蹬地助力，足跟抬起，准备旋身而进。目视左前方。（图6–19）

用法：乙方于左侧进身的同时，用左掌击打甲之头部。甲方随势在向左拧腰滚背的同时，左臂向左弧线滚臂缠拢乙之左臂，右掌置于腰前做好身前的防护。同时双腿屈膝左拧，助左臂的缠拢之力。（图6–19用法）

图6–19   图6–19　用法

19. **练法：**上动不停。向左转身拧腰滚背的同时，左臂外旋，向右往下弧线滚臂缠搂，掌置于腰前，掌沿向内，掌心向上，成鹰爪掌形；右臂外旋，随势向左往前弧线屈肘滚挤，掌置于胸前，掌沿向下，掌心向内，成虎爪掌形。同时左腿屈膝左拧独立；右腿随势抬起空悬。目视左前方。（图6–20及其附图）

用法：在上动的基础上，甲方左臂的缠拢封阻了乙之左臂的击打，乙方随势抬起右腿向左拧身，准备用左臂向下滚打甲之肋部的同时，甲方随势左腿屈膝左拧，右腿抬起，向左滚身而进紧贴其身的同时，左臂向右往下弧线滚臂缠拢捋按乙之左臂，右臂随势屈肘滚挤其肩背。（图6-20用法及其附图）

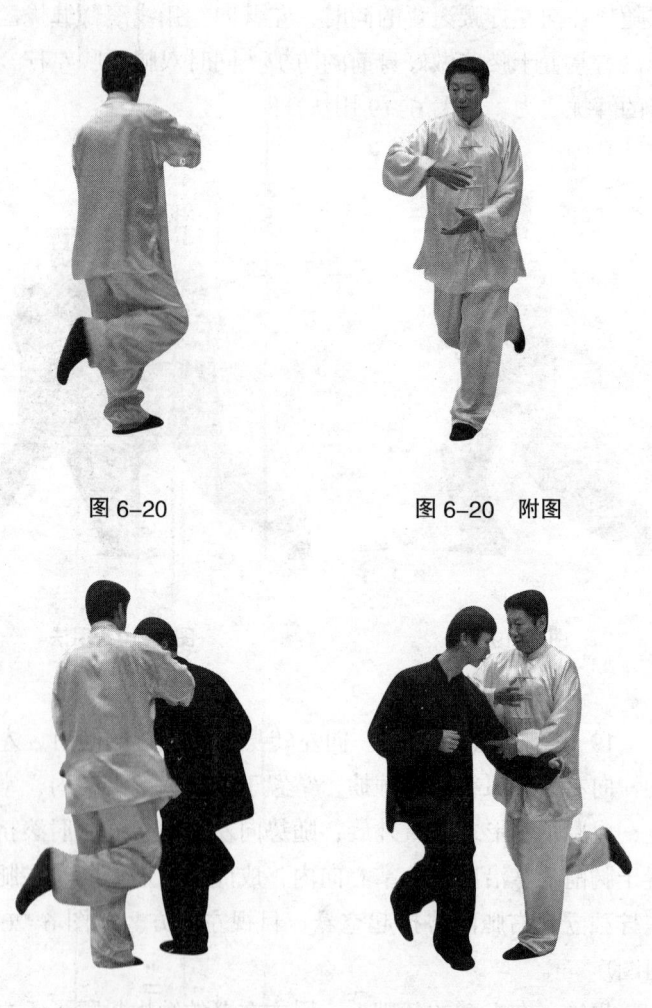

图6-20　　　　　　　　　图6-20　附图

图6-20　用法　　　　　　　图6-20　用法附图

20. **练法**：上动不停。继续向左拧腰滚背进身的同时，右臂向右往上弧线反臂弹打，掌置于身体右侧，掌沿向下，掌背向右，成虎爪掌形；左臂随势屈肘内拢，掌置于腰前，掌沿向下，掌心向内，成虎爪掌形。同时左腿屈膝左拧，脚掌向外碾，足跟往里旋；右腿随势向前，弧线掩膝扣脚落步。目视右侧。（图6-21）

图 6-21

用法：在上动的基础上，甲方继续向左拧身而进的同时，左臂屈肘内拢乙之左臂，右臂向右往上弧线反臂弹击其面部，同时左腿屈膝左拧，右腿随势前扣进身助力，以圆旋冲顶之力将其击倒。（图6-21用法）

图 6-21 用法

21. **练法**：上动不停。向左拧身而动的同时，右臂内旋，向左往下弧线滚臂拢按，掌置于腰前，掌沿向外，掌心向下，成虎爪掌形；左臂随势向左往前屈肘顶挤，掌置于胸前，掌沿向下，掌心向内，成虎爪掌形。同时右腿左拧独立；左腿随势抬起，屈膝空悬。目视左侧。（图 6-22）

用法：上动不停。乙方用左臂击打甲之胸部。甲方随势身体向左拧身而动，左腿屈膝抬起前顶其左腿的同时，右臂向左往下弧线滚臂拢按乙之左臂，左臂随势向左往前屈肘顶挤其胸。（图 6-22 用法）

图 6-22   图 6-22　用法

22. **练法**：上动不停。身体左拧的同时，右臂继续往下弧线滚臂拢按，掌置于腰前，掌沿向下，掌心向内，成虎爪掌形；左臂随势向左往上弧线弹击，掌置于身体左侧，掌沿向下，掌背向左，成虎爪掌形。同时右腿随势左拧独立；左腿继续屈膝空悬。目视左侧。（图 6-23）

用法：在上动的基础上，甲方身体左拧的同时，右臂继续往下弧线滚臂拢按乙之左臂，左臂随势向左往上弧线弹击其面部。乙方随势向右躲闪的同时，欲用右拳击打甲之肋部。（图6-23用法）

图 6-23   图 6-23　用法

23. **练法：**上动不停。右腿屈膝向左拧旋；左腿随势向左往后落步，身体向左往后悠身旋闪的同时，左臂随势向左往下屈肘弧线拢按，掌置于腰前，掌沿向下，掌心向内，成虎爪掌形；右臂随势向右往上弧线弹击，掌置于身体右侧，掌沿向下，掌背向后，成虎爪掌形。目视右侧。（图6-24）

用法：在上动的基础上，甲方左腿随势向左往后落步，身体向左往后悠身旋闪的同时，左臂随势向左往下屈肘拢按乙之右臂，左臂随势向右往上弧线弹击其头部，将其击倒。（图6-24用法）

图 6-24

图 6-24　用法

第 18 至第 23 个动作的练法与用法要点

这是个转身缠弹、旋闪拢弹的招术。在拧身转体的同时，双臂缠弹，在旋身躲闪的同时，双臂交错拢臂弹击。动作要圆活、自然，要拧腰滚背。

在用法上，针对乙方左侧进身的左拳击打，甲方左臂借右腿抬起、拧腰滚背旋身而起之势，向左弧线滚臂缠拢，右臂随右腿落步之势进身弹击。继而又针对乙之双臂的连续击打，甲方在左腿抬起向左往后落步旋身躲闪的同时，双臂拢弹之。此招术突出了阴阳八卦掌"闪中之意不在闪，在乎招术攻防闪"的风格特点。

24. **练法**：接上势，向右悠身而动，拧腰滚背的同时，右臂内旋，向右往下弧线滚臂缠拢，掌置于身前右侧，掌指斜形向下，掌心向右，成鹰爪掌形；左臂随势屈肘右按，掌置于腰前右侧，掌指向右，掌沿向下，成虎爪掌形。同时右腿屈膝右拧，脚掌向外碾，足跟往里旋；左腿随势屈膝右旋，脚掌向里碾，足跟往外旋。目视右掌。（图6-25）

用法：乙方从右侧进身的同时，用左臂击打甲之肋部。甲方随势向右悠身而动，双腿屈膝右拧的同时，右臂向右往下弧线滚臂缠拢乙之左臂，左臂随势屈肘右按，做好身前的防护。（图6-25用法）

图6-25   图6-25 用法

25. **练法**：上动不停。向左悠身而动的同时，右臂外旋，向左往上经面前而后向下弧线滚臂缠拢，掌置于身前右侧，掌指向前，掌心向上，成虎爪掌形；左臂内旋，随势屈肘向左拢按，掌置于胸前左侧，掌指向前，掌心向下，成虎爪掌形。同时双腿屈膝左拧。目视右侧。（图6-26）

用法：在上动的基础上，乙方左臂的击打受到甲方右臂的制约而抬起左腿准备退身的同时，用右臂击打甲之面部。甲方随势紧随其身，向左悠身而动的同时，右臂向左往上经面前而后向下弧线滚臂缠拢乙之右臂，左臂随势屈肘拢按做好身前的防护。（图6-26用法）

图 6-26

图 6-26 用法

26. **练法**：上动不停。身体右拧悠身而进的同时，右臂内旋，向右往下弧线滚臂缠掳，掌置于腰前右侧，掌沿向右，掌心向下，成鹰爪掌形；左臂外旋，随势向前下弧线滚臂穿点，掌置于身体左侧，掌指斜形向前，掌心向上，成二指掌形。同时右腿屈膝右拧，脚掌向外碾，足跟往里旋；左腿随势抬起，

掩膝向前弧线扣脚落步。目视左侧。（图6-27及其附图）

　　用法： 在上动的基础上，甲方身体右拧悠身而进，抬起左腿向前弧线扣脚落步，埋住乙之右腿的同时，右臂向右往下弧线滚臂缠拢其右臂，顺势捋其腕部，左臂随势向前滚穿其右臂下，穿点其喉，乙方身向左拧躲闪。（图6-27用法及其附图）

图6-27

图6-27　附图

图6-27　用法

图6-27　用法附图

27. **练法：**上动不停。向左拧身转体的同时，左臂内旋翻掌，向左往后屈肘滚臂顶挤，掌置于胸前，掌沿向外，掌心向下，成二指掌形；右臂外旋，屈肘翻掌，掌置于腰前右侧，掌沿向内，掌心向上，成虎爪掌形。同时左腿屈膝左拧，脚掌向外碾，足跟往里旋；右腿随势抬起，屈膝空悬。目视左侧。（图6-28）

图6-28

用法：在上动的基础上，乙方身体左拧，右臂拧脱甲右手的抓掳，右腿抬起转身而走的同时，欲用左臂击打甲方。甲方随势抬起右腿向左转身紧随、贴靠的同时，左臂向左往后屈肘滚臂顶挤其身，使其无还手之机。（图6-28用法及其附图）

图6-28　用法　　　　　图6-28　用法附图

28. **练法**：上动不停。向左拧旋坐顶的同时，左臂内旋转外旋，向左往前滚臂拧点，掌置于胸前左侧，掌指向前，掌心向下，成二指掌形；右臂内旋，随势向左往前滚臂拧点，掌置于腰前右侧，掌指向前，掌心向下，成二指掌形。同时左腿继续屈膝左拧，脚掌向外碾，足跟往里旋；右腿随势屈膝内掩前扣落步，蹬地助力。目视前方。（图6-29）

图 6-29

用法：在上动的基础上，甲方紧贴乙之身体，右腿屈膝内掩，前扣落步转身蹬地助力的同时，左臂以肘带手，向左往前拧点其腮，右臂随势向左往前滚臂拧点其腰，全身坐顶发力将其击出。（图6-29用法）

图 6-29　用法

29. **练法：**上动不停。身体向左坐顶发力后，自然右拧的同时，双臂自然回收，双腿自然右旋。畅胸拔顶，坐胯拧腰，目视左前方。成蛇形掌势。（图6-30）

图6-30

第24至第29个动作的练法与用法要点

这是个摇身缠穿、旋身拧点的招术。右臂随悠身之动向右往下，尔后向左往上弧线滚臂缠拢，继而双臂随左腿的前扣落步而滚臂缠掳穿点，形成腰拧、背滚、臂旋的摇身之动。其形摇晃续进，因势扣埋缠穿。旋身拧点是前者的续动招术。在旋身之中右腿掩扣转体的同时，双臂拧点，似惊蛇回首，白蛇吐信。

在招术用法上，甲方右臂借悠身而动的拧旋坐顶之势，以滚身侧对的身法制约乙之双臂的连续击打，形成左腿扣埋其下肢、双臂掳穿其身的局面。继而在乙方右腿抬起，转身而走的同时，甲方遵循"防中你变我术变，沾连黏随围着转"的战术思想，随势贴靠其身，在右腿扣步转身的同时，双臂拧点之。

第七势掌——蛇鞭抽弹兜旋掌

第一成手掌（第1至第9个动作）

1. **练法：** 由蛇形掌势开始。（图7-1）

用法： 甲乙双方拉开战势，甲方为蛇形掌势；乙方左掌置于胸前，右掌前伸。双方对视。（图7-1用法）

图7-1　　　　　　　　　　　图7-1　用法

练法： 向右拧腰滚背的同时，左臂内旋，向右往上弧线滚臂旋缠，掌置于腰前，掌沿向左，掌心向下，成虎爪掌形；右臂内旋，随势拢掌于胸前，掌沿向外，掌心向下，成虎爪掌形。同时双腿屈膝右拧。目视左侧。（图7-2）

用法： 乙方用右掌虚晃甲之头部，突然击步向前冲其中门

265

的同时，用右掌击打其胸窝。甲方随势向右拧腰滚背的同时，左臂向右往上弧线滚臂旋缠乙之右臂，右臂随势拢封其右上臂。同时双腿屈膝右拧助旋缠之力。（图7-2用法）

图7-2　　　　　　　　　　图7-2　用法

2. **练法**：身体向左拧旋上起的同时，左臂外旋，向左往上经顶前弧线滚臂翻缠，掌置于身体左侧，掌指向上，掌心向前，成虎爪掌形；右臂内旋，随势向右下弧线滚拢，掌置于身体右侧，掌沿向上，掌心向右，成虎爪掌形。同时左腿向右旋胯，屈膝兜提空悬；右腿随势屈膝独立。目视左掌。（图7-3）

用法：在上动的基础上，甲方随势身体向左拧旋上起的同时，左臂向左往上弧线滚臂翻缠乙之右臂，右臂随势向右下弧线滚拢，做好身前防护。同时左腿向右屈膝兜提乙之右腿。乙方右腿屈膝高抬，避开甲之左腿的兜提。（图7-3用法）

图 7-3

图 7-3 用法

3. **练法**: 上动不停。向右往下拧腰滚背的同时, 左臂外旋翻掌, 向右往下弧线滚臂缠拢于胯旁而后向上往左弧线穿掌, 掌置于腰前左侧, 掌指螺旋向前, 掌心向上, 成螺旋掌形; 右臂外旋, 向左往上经顶前而后内旋, 向右往下弧线滚臂拢拷, 掌置于腹前右侧, 掌沿向右, 掌心向下, 成鹰爪掌形。同时左腿向前弧线扣脚落步; 右腿随势下蹲。目视左侧。(图7-4)

图 7-4

用法：在上动的基础上，甲方在乙方右腿前扣落步的同时，身体右拧下伏，左腿前扣埋住乙之右腿。同时用左臂向右往下弧线滚臂缠拢其右臂，顺势穿其腋下。右臂随势弧线滚拢其右臂，并向右往下捋其腕部。（图7-4用法）

图7-4　用法

4. **练法**：上动不停。身体向左拧旋坐顶的同时，左臂向左往前弧线滚臂拧点，前臂向外拧翻，掌置于身体左侧，掌指向前，掌心向上，成二指掌形；右臂随势向左往前抖臂送掌，掌置于腰前，掌沿向右，掌心向下，成鹰爪掌形。同时左腿屈膝左拧；右脚蹬地助力。目视左侧。（图7-5）

用法：在上动的基础上，乙方为保持身体平衡，向右拧身，欲抽右臂后拽。甲方随势在身体向左拧旋坐顶、左腿埋住乙之右腿的同时，用左臂向左往前弧线滚臂拧点其喉部，用右手抓其右腕向左往前随势抖送，将其击出。（图7-5用法1）

甲方捋乙右腕左臂拧点其喉的同时，乙方向右拧身，右臂下压甲之左臂，避开甲之左掌的拧点。（图7-5用法2）

图7-5

图7-5　用法1

图7-5　用法2

5. **练法**：上动不停。身体左拧悠身下伏的同时，左臂内旋，屈肘下翻前臂向左顶挤，掌置于腹左侧，掌指向下，掌背向左，成虎爪掌形；右臂外旋，随势屈肘捋按，掌置于腰右侧，掌心向内，成鹰爪掌形。同时左腿屈膝左拧；右腿随势抬起空悬，呈旋身而进之势。目视左侧。（图7-6）

用法：在上动的基础上，甲方随乙身闪躲之势，在向左悠身下伏、右腿抬起旋身而进的同时，以右掌捋按乙之右腕；左前臂下翻，屈肘向左弧线顶挤其胸，使其身后坐。（图7-6用法）

图7-6

图7-6　用法

6. **练法**：上动不停。向左悠身上起的同时，左臂内旋，向左往上弧线抖臂抽弹，掌置于身体左侧上方，掌沿向下，掌背向左，成虎爪掌形；右臂随势向左弧线按推，掌置于腰前右侧，掌沿向下，掌心向左，成虎爪掌形。同时左腿屈膝左拧，脚掌向外碾，足跟往里旋；右腿随势向左往前弧线扣脚落步，

蹬地助力。目视左侧。（图7-7）

用法：在上动的基础上，甲方向左悠身上起，右腿向左往前弧线扣脚落步蹬地助力的同时，以右臂按推乙之右腕；左臂随乙后坐之势向左往上弧线抖臂抽弹乙之面部，将其击出。右腿向左往前弧线扣步（实战中步子可大可小），以调整对乙方击打的角度。（图7-7用法）

图7-7   图7-7　用法

第1至第6个动作的练法与用法要点

这是个滚臂缠兜拧点、悠身滚拢抽弹的招术。滚臂缠兜时要拧腰滚背、旋胯提带，拧点要借左腿兜提后前扣落步之势，抽弹要借旋身坐顶之势，动作要悠身而行，抖臂而发，并做到环环相连，一气呵成。"抽弹"如甩鞭抽打之动。此势掌的简称为"蛇鞭"，突出了此势掌掌法的特点，即以腰带背、以背带肩、以肩带臂、以臂带肘、以肘带手，节节贯通，如甩鞭抽击的弹抖之势。

在用法上，甲方左臂以向右弧线滚臂的旋缠应对乙方冲击中门时右掌的击打，以侧身滚动身法落空其力，引进其身，形成滚臂缠兜的主动局面，以利左腿向右的兜提与左臂向左的滚臂翻缠两种相反的旋力作用其身。在其被动之时，左腿前扣埋其右腿的同时以双臂拢掳拧点；当其闪身避开拧点时，甲方在右腿前扣落步黏随其身的同时，以左臂借悠身之势抽弹之。交手中要运用好"你进攻快我术变，术的变化不能断"的战术思想，续而击之。

7. **练法**：接上势。身体向右拧旋上起的同时，右臂外旋翻臂，向右往上弧线抖臂抽弹，掌置于身体右侧上方，掌指斜形向上，掌背向右，成虎爪掌形；左臂内旋，随势向右往下弧线滚臂拢按，掌置于腰前右侧，掌沿向外，掌心向下，成虎爪掌形。同时右腿屈膝向左兜提空悬；左腿随势屈膝独立。目视右侧。（图7-8）

图 7-8

用法：乙方从右侧进身的同时，用右臂击打甲之头部。甲在身体向右拧旋上起的同时，右臂外翻向右往上弧线抖臂抽弹乙之头部，并封阻其右臂的击打，左掌拢按做好上身的防护。同时右腿向左兜提其右腿，使其身体侧倾。（图7-8用法）

图7-8　用法

8. **练法：**上动不停。身体左拧下伏向右滚身而进的同时，右臂内旋，向下往右弧线滚臂屈肘顶打，掌置于胸前左侧，掌指向左，掌沿向下，成虎爪掌形；左掌随势而动向右推按，掌置于腹前，掌指向右，掌沿向下，成虎爪掌形。同时右腿随势向前屈膝内掩弧线扣脚落步；左腿随势屈膝左拧下蹲。目视右侧。（图7-9）

用法：在上动的基础上，甲方在乙方向左拧身下伏、右腿滚膝内扣落地的同时，随势身体左拧下伏，向右滚身而进，右

腿随势向前屈膝内掩扣脚落步埋住乙之右腿，用右臂屈肘顶打其肋，用左掌推按其胯，使其处于被动之中。（图7-9用法）

图7-9   图7-9　用法

9. **练法**：上动不停。向右悠身上起的同时，右臂内旋，向右往上弧线滚臂抽弹，掌置于身体右侧，掌背斜形向上，成虎爪掌形；左掌随势向上往右推打，掌置于胸前右侧，掌指向右，成虎爪掌形。同时右腿随势向右往前屈膝拧拱；左腿随势右拧，蹬地助力。畅胸拔顶，目视右前方。（图7-10）

　　用法：在上动的基础上，甲方向右拧腰滚背悠身上起的同时，右腿屈膝拧拱乙之腿部，右臂以肘带手向右往上弧线滚臂肘顶其肋，反臂抽弹其背，用左掌推打其腰，将其击倒。（图7-10用法）

图 7–10

图 7–10　用法

第 7 至第 9 个动作的练法与用法要点

这是个翻兜顶打抽弹的招术。右臂向右往上的弧线抖臂抽弹与右腿屈膝向左兜提的用力方向相反，形成同侧上下肢体的剪力效应，有翻动之势。动作时要以腰为轴，滚背旋胯。继而右腿随势扣脚落步的同时，右臂屈肘顶打抽弹，其动要借翻兜抽弹后的进身之势，且有悠身之感。

在用法上，针对乙方右侧进身的击打，甲方采取悠身而起的臂抽腿兜的同步击打，造成乙方的被动局面，继而顶打抽弹之。顶打抽弹时，右腿的前扣要有冲踏之力，右臂的抽弹要有坐顶之力。

第二成手掌（第 10 至第 21 个动作）

10. 练法：接上势。向左悠身上起的同时，右臂外旋，向左往上经面前弧线滚拢，掌置于胸前左侧，掌沿向左，掌心向上，成虎爪掌形；左臂随势向左往上弧线滚臂旋拢，掌置于身体左侧，掌沿向上，掌心向左，成虎爪掌形。同时双腿屈膝左拧。目视右侧。（图 7-11）

图 7-11

用法：乙方击步向前的同时，用右臂冲打甲之头部。甲方随势向左拧腰滚背，以侧身相对的同时，用右臂向左往上弧线滚拢乙之右臂，左臂随势向左往上弧线滚臂旋拢，做好身前的防护。同时双腿随势屈膝左拧，助双臂滚拢之力。（图 7–11 用法）

图 7–11　用法

11. **练法：**上动不停。在拧腰滚背悠身向下伏的同时，右臂向内旋，向右往下弧线滚拢，掌置于腰前，掌指向左，掌心向下，成虎爪掌形；左臂向外旋，随势向右往下弧线滚臂旋掌，掌置于腹前，掌沿向下，掌心向内，成虎爪掌形。同时右腿屈膝独立；左腿随势抬起，向后屈膝空悬。目视右侧。（图 7–12）

用法：在上动的基础上，甲方右臂的滚拢，使乙方的身体重心不稳，导致其右腿抬起而后撤。与此同时，甲方紧随其身，在拧腰滚背向下伏的同时，以右臂滚拢顶挤其右臂根部，以左臂拢其前臂。与此同时，左腿随势抬起进身，准备后插落步。（图7-12用法）

图 7-12　　　　　　　　　　图 7-12　用法

12. **练法：** 上动不停。身体先向左拧下伏后向右旋坐顶的同时，右臂内旋，以肘带手向右往上弧线滚臂抽弹，掌置于身体右侧，掌指向右，掌背斜形向上，成虎爪掌形；左臂内旋，随势向左往上弧线抖臂抽弹，掌置于身体左侧，掌沿向下，掌背向后，成虎爪掌形。同时左腿后插落步，双腿屈膝叠坐。目视右侧。（图7-13）

图 7-13

用法：在上动的基础上，甲方抓住乙方被动之机，在身体拧腰滚背左腿后插进身的同时，用右臂肘顶其身，在其身后退的同时，顺势抽弹其面部，左臂向左往上的弧线抖臂抽弹，一则增强右臂的挣裹之力，二则击打另侧之敌。（图7-13用法）

图7-13　用法

第10至第12个动作的练法与用法要点

这是个滚拢插步抽弹的招术。在右臂滚拢的基础上，左腿后插落步，在插步进身的同时，双臂弧线抖臂抽弹。动作要圆活、协调，并有悠身借势之感。

在用法上，甲方以拧腰滚背的身法，侧身相对的战术，右臂向左往上弧线滚拢，应对乙之右臂的冲打。尔后左腿后插落步进身，紧随而贴靠之，继而双臂滚身抽弹之。

13. **练法**：上动不停。向左往后拧身转体的同时，左臂内旋，向左往后弧线滚臂翻缠，掌置于身体左侧，掌沿向左，掌心向下，成虎爪掌形；右臂外旋随势而动，掌置于身体右侧，掌指向右，成虎爪掌形。同时双腿屈膝左拧上起。目视左侧。
（图7-14）

　　用法：乙方从身后用右臂击打甲之头部，甲方向左往后拧
身转体的同时，左臂向左往后弧线滚臂旋拢翻缠其右臂，双腿
屈膝左旋上起，助左臂的翻缠之力，撼其根部。（图7-14用
法）

图 7-14　　　　　　　　　　图 7-14　　用法

　　14. **练法：**上动不停。向右拧腰滚背下伏的同时，左臂外
旋，向右往下弧线翻臂缠拢，掌置于腰前右侧，掌指向右，掌
心向后，成虎爪掌形；右臂外旋，向左往上经面前而后内旋，
向下滚臂拢按，掌置于胸前左侧，掌沿向外，掌心向下，成鹰
爪掌形。同时双腿屈膝右拧。目视左侧。（图7-15及其附图）

　　用法：在上动的基础上，甲方在向右拧腰滚背下伏的同
时，左臂向右往下弧线翻臂缠拢乙之右臂，右臂随势拢按其右
臂根部，使其右腿被迫前移。（图7-15用法及其附图）

图 7-15　　　　　　　　　　图 7-15　附图

图 7-15　用法　　　　　　　图 7-15　用法附图

15. **练法**：上动不停。身体左拧下伏的同时，左臂内旋，向左往下弧线屈肘顶打，掌置于腰前，掌沿向下，掌心向内，成虎爪掌形；右臂内旋，屈肘向左往上弧线捋带，掌置于右肋旁，掌沿向外，掌心向下，成鹰爪掌形。同时双腿屈膝左拧。目视左侧。（图7-16及其附图）

图7-16   图7-16 附图

用法：在上动的基础上，甲方身体左拧下伏，左腿屈膝顶乙右腿的同时，左臂向左往下弧线屈肘顶打其腰肋，右臂屈肘向左往上捋带其右腕，使其处于更加被动之中。（图7-16用法及其附图）

图7-16   用法

图 7-16　用法附图

16. **练法**：上动不停。向
左悠身坐顶的同时，左臂内
旋，向左往上弧线悠臂抽弹，
掌置于身体左侧，掌沿向下，
掌背斜形向上，成虎爪掌形；
右臂外旋，向右弧线悠臂抽
弹，掌置于身体右侧，掌沿
向下，掌背向后，成虎爪掌
形。同时双腿屈膝左拧，右
脚蹬地助力。目视左侧。
（图 7-17）

图 7-17

　　用法：在上动的基础上，甲方左腿截住乙之右腿，随势向
左悠身坐顶的同时，左臂以肘带手向左往上弧线顶打其肋，抽

弹其胸，将其击倒。右臂的悠臂抽弹，一则强化左臂的挣裹之力，二则击打另侧之敌。（图 7-17 用法）

图 7-17　用法

第 13 至第 16 个动作的练法与用法要点

这是个转身翻缠、悠臂抽弹的招术。在拧腰滚背旋身转体的同时，左臂向左弧线滚臂翻缠，形成以手开路的旋身转体缠打之动，尔后双臂在翻缠滚拢的基础上悠臂抽弹。

在用法上，甲方在拧身转体之中以左臂旋拢翻缠应对乙之右臂的身后击打。左臂旋拢翻缠时要借身体的拧旋起伏之力，迫使其身体重心不稳，继而借势悠臂抽弹之。

17. **练法：**接上势。向右拧身转体的同时，右臂内旋，向右往上经顶前弧线滚臂旋缠，掌置于身体右侧，掌沿向右，掌心斜形向下，成虎爪掌形；左臂内旋，随势向右经面前而后向左往下弧线拢按，掌置于身体左侧，掌沿向左，掌心向下，成虎爪掌形。同时右腿随势抬起，向左屈膝顶打空悬；左腿屈膝

右拧独立。目视右侧。（图7-18）

用法： 甲方拧身转体的同时，右臂向右往上弧线滚臂旋缠，封阻乙方于身后以左臂的劈打。左臂的弧线拢按，做好身前的防护。同时右腿抬起向左屈膝顶打，其一利于下盘的防护与顶打，其二做好下一步进身攻击的准备。（图7-18用法）

图7-18　　　　　　　　　图7-18　用法

18. **练法：** 上动不停。身体左拧下伏的同时，右臂外旋，向左往下弧线滚臂缠拢，掌置于腹前左侧，掌指向左，掌心向上，成虎爪掌形；左臂外旋，向右往上经顶前而后内旋，向下弧线滚臂下拢，掌置于胸前右侧，掌指向右，掌心向下，成鹰爪掌形。同时右腿向右往前屈膝内掩弧线扣脚落步；左腿随势屈膝下蹲。目视右侧。（图7-19及其附图）

用法： 在上动的基础上，甲方在身体左拧下伏右腿屈膝向右往前弧线掩膝扣脚落步埋住乙之左腿的同时，用右臂弧线滚臂缠拢其左臂，左臂随势滚臂下拢其左臂根部。动作时要有旋冲之势，顶挤其身。（图7-19用法及其附图）

图 7-19

图 7-19　附图

图 7-19　用法

图 7-19　用法附图

19. **练法**：上动不停。身体向右拧旋坐顶的同时，左臂向左往下拢捋，掌置于腰前左侧，掌指向右，掌心向下，成鹰爪掌形；右臂外旋，前臂外翻，向右往上弧线滚臂穿点，掌置于胸前右侧，掌指向右，掌心向上，成二指掌形。同时右腿屈膝向右拧拱；左腿随势屈膝右旋，蹬地助力。畅胸拔顶，目视右侧。（图7-20）

图7-20

用法：在上动的基础上，甲方身体向右拧旋坐顶，右腿屈膝向右拧拱乙之左腿的同时，左臂向左往下拢捋乙之左臂，右臂于其左臂下，随势外翻前臂，穿点其喉部，全身同时发力，将其击出。（图7-20用法1）

图7-20　用法1

乙方身向左拧，左腿抬起，准备向后旋落，避开甲方击打。（图7-20用法2）

图7-20 用法2

20. **练法**：上动不停。向右旋身转体的同时，右臂内旋，向左弧线屈肘滚臂围打，掌置于腰前左侧，掌指向左，掌心向上，成虎爪掌形；左臂随势向右弧线屈肘围打，掌置于胸前，掌指向右，掌心向下，成虎爪掌形。同时右腿屈膝向右拧旋独立，脚掌向外碾，足跟往里旋；左腿随势抬起，向右弧线兜扫空悬。目视左侧。（图7-21）

图7-21

用法：在上动的基础上，甲方右腿屈膝向右拧旋，左腿随势向右弧线兜扫乙之腿部的同时，用右臂向左弧线围打其胸，左臂向右弧线屈肘围打其头部。（图 7-21 用法）

图 7-21　用法

21. **练法**：上动不停。身体继续右拧的同时，右腿继续屈膝右旋；左腿向右弧线勾脚兜带而后扣脚落步。左右掌仍分置于胸腰前，掌心斜形相对，均成虎爪掌形。目视左侧。（图 7-22）

用法：在上动的基础上，甲方身体继续右拧的同时，左腿向右弧线勾脚兜带乙之右腿，尔后扣脚落步，使其右腿

图 7-22

被往前勾带而向后摔倒。（图7–22用法）

图7–22　用法

第17至第21个动作的练法与用法要点

这是个拧身旋缠穿点、转身旋兜围打的招术。旋缠要有拧腰滚背、悠身冲击之劲势，穿点要借右腿前扣落步之势。转身旋兜围打是悠身旋缠穿点的续动招术。动作要圆活、协调，一气呵成。

在用法上，甲方针对乙之左臂于身后的劈打，采用向右拧身转体以手开路的右臂旋缠招术予以还击，以圆旋起伏之力制敌于被动之中，随势穿点之。当乙方避开甲方右臂穿点时，甲方则随势而变，循粘连黏随之战法，乘虚而击之，并通过上下肢体协调动作实施转身旋兜围打之招术。

第三成手掌（第22至第35个动作）

22. **练法**：上动不停。身体左拧上起的同时，左臂外旋，向左往上弧线滚拢，掌置于面前左侧，掌沿向前，掌指向上，成虎爪掌形；右臂内旋，随势而动，掌置于腰前右侧，掌指向左，掌心向下，成虎爪掌形。同时左腿屈膝左拧，脚掌向外碾，足跟往里旋；右腿随势屈膝左旋，蹬地助力。目视左侧。（图7–23）

用法：乙方用左臂击打甲之头部。甲方随势身体左拧上起，用左臂向左往上弧线滚拢乙之左臂的同时，双腿屈膝左拧，助左臂滚拢之力。（图7–23用法）

图7–23   图7–23　用法

23. **练法**：上动不停。向左拧腰滚背，旋身而进的同时，左臂内旋，向左往下弧线滚拢，掌置于身体左侧，掌心向下，成虎爪掌形；右臂外旋，随势向右往上弧线滚臂扬掌，掌置于身体右侧上方，掌心向上，成虎爪掌形。同时左腿屈膝左拧，脚掌向外碾，足跟往里旋；右腿随势抬起，屈膝空悬。目视左侧。（图 7-24）

　　用法： 在上动的基础上，甲方身体左旋，左腿屈膝左拧，右腿抬起进身的同时，左臂借拧腰滚背的旋进之势向左往下弧线滚拢乙之左臂，右臂随势向右往上弧线滚臂扬掌，做好进身攻击的准备。（图 7-24 用法）

图 7-24　　　　　　　　　图 7-24　　用法

　　24. **练法：** 上动不停。身体左拧下伏的同时，左臂向左往下弧线滚臂拢掳，掌置于腰前左侧，掌沿向左，掌心向下，成鹰爪掌形；右臂外旋，向左往前弧线屈肘掩砸，掌置于面前右侧，掌指向上，掌心向左，成虎爪掌形。同时左腿继续屈膝左拧，脚掌向外碾，足跟往里旋；右腿随势向前弧线扣脚落步。目视右侧。（图 7-25 及其附图）

用法： 在上动的基础上，甲方在身体左拧下伏，右腿随势向前弧线扣脚落步，埋住乙之左腿的同时，左臂向左往下弧线滚拢其左臂，顺势捋其腕部，右臂向前弧线屈肘掩砸其头部，乙方身向后闪。（图7-25用法及其附图）

图 7-25

图 7-25　附图

图 7-25　用法

图 7-25　用法附图

25. **练法**：上动不停。身体右拧上起的同时，右臂内旋，向右往后弧线滚臂旋缠，前臂向内拧翻，掌置于身体右侧，掌指向下，掌心向右，成虎爪掌形；左臂随势向右推按，掌置于腰前右侧，掌指向右，掌心向内，成鹰爪掌形。同时右腿屈膝向右拧拱；左腿屈膝右旋，蹬地助力。目视右侧。（图7-26）

用法：在上动的基础上，甲方在身体右拧上起右腿拧拱乙之腿部的同时，右臂向右往后弧线滚臂旋缠其左臂，左手随势向右推按其左腕。（图7-26用法）

图7-26　　　　　　　　图7-26　用法

26. **练法**：上动不停。身体向左拧旋起伏的同时，右臂外旋，向左往上经面前而后臂内旋向下弧线滚臂缠按，掌置于胸前左侧，掌指向左，掌心向下，成虎爪掌形；左臂外旋，随势而动，掌置于腰前右侧，掌指向右，掌心向内，成虎爪掌形。同时双腿屈膝左拧。目视右掌。（图7-27及其附图）

用法：在上动的基础上，甲方在向左拧腰滚背双腿屈膝左拧助力的同时，右臂于乙之左上臂腋下向左上弧线滚臂缠按，压乙肩部，使其身体前俯。左掌置于腰前右侧，做好下一步抽弹其身的准备。（图 7-27 用法及其附图）

图 7-27

图 7-27　附图

图 7-27　用法

图 7-27　用法附图

27. **练法：**上动不停。右
臂随身体右旋下伏、双腿屈
膝右拧而向右拢按，左掌仍
置于腰前右侧，尔后身体向
左拧旋坐顶的同时，左臂内
旋，随身体左旋上起向左往
上弧线滚臂抽弹，掌置于身
体左侧，掌指向左，掌背向
后，成虎爪掌形；右臂继续
屈肘向右往下拢按，掌置于
腹前，掌指向左，掌心向内，
成虎爪掌形。同时左腿随势

图 7-28

抬起，向右兜提顶打空悬；右腿随势屈膝独立。目视左侧。
（图 7-28 及其附图）

图 7-28　附图

用法：在上动的基础上，甲方右臂屈肘向右往下拢按乙之左臂根部，同时双腿屈膝右拧助力，尔后身体向左拧旋坐顶，左腿向右弧线兜提乙之腿部的同时，左臂向左往上弧线滚臂抽弹乙之胸部及面部，将其击倒。（图7-28用法）

图7-28　用法

第22至第27个动作的练法与用法要点

这是个转身拢砸、缠按抽弹的招术。在旋身转体中，双臂滚拢掩肘砸打，掩肘砸打要借右腿前扣落步之势。右臂的缠按要借双臂的拢砸之势，左臂的抽弹要借缠按之势。动作要圆活、协调，借势而施之。

在用法上，甲方采用旋身转体避开原位，以手开路的左臂滚拢应对乙方左臂的击打，又以右腿前扣埋其左腿的旋进气势予以右肘的砸打，造成乙方被动局面，为右臂的缠按奠定了基础。右臂缠按时要注意身体不同旋向及高低的变化，在拧腰滚背身法的支撑下贴靠其身，继而抽弹之。抽弹时要身抖臂弹，气沉丹田。

28. **练法：**上动不停。向右往前悠身下伏的同时，左臂外旋，向右往下弧线悠臂滚封，掌置于胸前左侧，掌沿向右，掌心向上，成虎爪掌形；右臂内旋，随势屈肘向右弧线拢按，掌置于腰前右侧，掌沿向右，掌心向下，成虎爪掌形。同时左腿屈膝向前弧线掩膝扣脚落步；右腿随势屈膝下蹲。目视左侧。（图7-29 及其附图）

图 7-29

图 7-29　附图

用法：乙方右腿前迈进身的同时，用右臂冲打甲之头部。甲方随势向右拧腰滚背，左腿向前扣埋乙之右腿的同时，用左臂向右往下弧线滚封其右臂。（图7-29用法及其附图）

图7-29　用法　　　　图7-29　用法附图

29. **练法：**上动不停。身体向左拧旋坐顶的同时，左臂内旋，向左往上弧线抖臂抽弹，掌置于身体左侧，掌指向前，掌沿向下，成虎爪掌形；右臂外旋，随势向左往前拢打，掌置于腰前左侧，掌沿向下，掌指向前，成虎爪掌形。同时左腿屈膝向左拧拱；右腿随势左拧，蹬地助力。目视左侧。（图7-30）

用法：上动不停。甲方在身体向左拧旋坐顶、左腿屈膝向前拧拱乙之右腿的同时，左臂向左往上弧线抖臂抽弹其面部，右臂随势屈肘向左往前拢打其胸部。将其击倒。（图7-30用法）

图 7–30

图 7–30　用法

第 28 至第 29 个动作的练法与用法要点

这是个悠身滚封、抖臂抽弹的招术。左臂的滚拢要借向右悠身下伏左腿前扣之势，抽弹要借滚拢之势。动作要圆活、协调，一气呵成。

在用法上，甲方左臂的滚拢要借悠身下伏之势应对乙之右臂的进身冲打。甲之身体的旋动要与左腿的前扣进身同时动作，以形成使其力落空而利于自己引身而入，继而左臂借左旋上起的坐顶之力而抖臂抽弹之。

30. **练法**：接上势。在身体先向左拧下伏后向右旋上起闪身而进的同时，右臂外旋，向右往上弧线滚臂穿掌，掌置于身体右侧，掌指螺旋向前，掌心向上，成螺旋掌形；左臂内旋，随势屈肘向下拢按，掌置于身体左侧，掌沿向左，掌心向下，成虎爪掌形。同时右腿随势抬起，屈膝向前弧线摆脚落步；左腿随势屈膝左拧右旋，蹬地助力。目视右侧。（图 7–31）

用法：乙方用左臂劈打甲之头部。甲方在旋闪之中抬起右腿摆步进身的同时，右臂借用身体的拧旋坐顶之力滚穿乙之左臂，使其重心不稳。（图 7–31 用法）

图 7–31　　　　　　图 7–31　用法

31. **练法**：上动不停。身体右拧下伏的同时，右臂内旋，向右往下弧线滚臂旋缠，掌置于身体右侧，掌指向下，掌心向左，成虎爪掌形；左臂外旋，随势向上旋掌，掌置于身体左侧上方，掌沿向下，掌心向右，成虎爪掌形。同时右腿屈膝右拧独立，脚掌向外碾，足跟往里旋；左腿随势抬起，屈膝空悬。目视右侧。（图 7-32）

图 7-32

用法：在上动的基础上，乙方在被动之中身向右拧，右腿被迫抬起后移，欲退身逃脱。甲方随势向右拧身下伏，右腿屈膝右旋，左腿随势抬起旋身而进，紧随其身的同时，右臂向右往下弧线滚臂旋缠乙之左臂；左臂向上旋掌，做好进身攻击的准备。（图 7-32 用法及其附图）

图 7-32　用法

图 7-32　附图

32. **练法：** 上动不停。身
体继续向右拧旋的同时，右臂
外旋，向右往上弧线滚臂缠
穿，掌置于腰前右侧，掌指螺
旋向前，掌心向上，成螺旋掌
形；左臂内旋，向右往上滚拢
于面前，尔后向左往下弧线拢
捋，掌置于腹前左侧，掌沿向
左，掌心向内，成鹰爪掌形。
同时右腿继续屈膝右拧，脚掌
向外碾，足跟往里旋；左腿随
势屈膝向前弧线扣脚落步。目
视右侧。（图7–33及其附图）

图 7–33

图 7–33　附图

用法：上动不停。甲方在乙方继续身向右拧、右腿落步转身的同时，随势屈左膝向前弧线扣脚落步，紧贴其身，右臂弧线缠穿于其左臂下，左臂随势拢搪其左腕。（图 7-33 用法及其附图）

图 7-33　用法　　　　　　　图 7-33　用法附图

33. **练法：**上动不停。身体向右拧旋上起的同时，右臂外旋，向右往上弧线上挎，掌置于胸前右侧，掌指向前，掌心向上，成虎爪掌形；左臂抓搪，随势下按，掌置于腹前左侧，掌沿向左，掌心向下，成鹰爪掌形。同时右腿屈膝向左顶打空悬；左腿随势独立。目视右侧。（图 7-34）

用法：上动不停。甲方抓住乙方被动之机，向右拧身上起的同时，左臂抓住乙之左腕下按，右臂于其右臂肘关节下向右弧线上挎。同时用右腿屈膝顶打其左腿，使其后仰，左臂处于反关节受力下被折。（图 7-34用法）

图 7-34

图 7-34 用法

34. **练法**：上动不停。身体向右拧旋坐顶的同时，右臂内旋，向右往前滚臂翻掌滚挤拧点，掌置于身体右侧，掌指向前，掌心向右，成二指掌形；左臂向右抖送，顺势拧点，掌置于右肋旁，掌指向前，掌心向右，成二指掌形。同时左腿继续独立；右腿掩膝空悬。目视右侧。（图 7-35）

用法：上动不停。甲方抓住乙方重心失控的时机，身体

图 7-35

向右拧腰滚背的同时，右臂翻掌滚挤乙之肋拧点乙之喉，左臂随势向右抖送其左臂，顺点其身，将其击倒。（图 7-35 用法）

图 7-35　用法

　　35. **练法：**上动不停。全身向右坐顶发力后，身体自然略向左拧，双臂自然回收，畅胸拔顶，目视右侧。成蛇形掌势。（图 7-36）

图 7-36

第 30 至第 35 个动作的练法与用法

这是个旋围缠拢、拧折翻点的招术。在拧身转体中围拢旋缠，在旋缠的基础上拧身挎折，在拧折的基础上翻点。动作要圆活、连续，环环相连、丝丝相扣。

在用法上，甲方采用"闪展腾挪意中闪，术变动作连续赶"的战术思想，采用以柔克刚、旋身闪进的缠拢，制约乙之左臂的劈打，并控制其身，继而拧折翻点之。招术的运用关键在于随其势而行，黏得住、贴得紧，不给对方还手之机。

第八势掌——蛇游旋缠悠身掌

第一成手掌（第 1 至第 14 个动作）

1. 练法： 由蛇形掌势开始。（图 8-1）

用法： 甲乙双方拉开战势，甲方为蛇形掌势；乙方右掌前探，左掌置于胸前。双方对视。（图 8-1 用法）

图 8-1   图 8-1　用法

　　练法： 身体向左拧下伏再向右旋上起闪身而进的同时，右臂内旋，向左往下经胯旁而后外旋，向右往上经顶前弧线滚臂旋缠，掌置于身前右侧，掌指向上，掌沿向右，成虎爪掌形；左臂内旋，随势向左弧线拢按，掌置于左肋旁，掌沿向左，掌心向下，成虎爪掌形。同时右腿随势向左往前弧线摆脚落步；左脚随势蹬地助力。目视右侧。（图 8-2）

用法：乙方进身用右臂冲打甲之头部。甲方随势向左旋闪，右腿随势向左往前弧线摆步进身的同时，用右臂向右往上弧线滚臂旋缠乙之右臂，左臂随势向左弧线拢按，其一做好身前防护，其二做好下一步进身攻击的准备。右臂旋缠时，要有上翻之力并触动其根节，使其重心不稳。（图 8-2 用法）

图 8-2

图 8-2　用法

2. **练法：**上动不停。向右拧腰滚背旋身而进的同时，右臂外旋，向右往下弧线滚臂缠掳，掌置于腰前，掌沿、掌心斜形向下，成鹰爪掌形；左臂外旋，向右往上经顶前而后内旋，向下往前弧线滚臂拢打拧点，掌置于左胯旁，掌指向下，掌心向后，成二指掌形。同时右腿屈膝右拧，脚掌向外碾，足跟往里旋；左腿随势抬起，向右往前弧线掩膝扣脚落步。目视左侧。（图 8-3 及其附图）

用法：在上动的基础上，甲方向右拧腰滚背，左腿往前扣脚落步进身，埋住乙之右腿的同时，用右臂向右往下缠拢其右

臂，顺势捋其腕部。左臂随势弧线拢打其头部，顺势向下拧点其下身，使其处于被动之中。（图 8-3 用法及其附图）

图 8-3

图 8-3　附图

图 8-3　用法

图 8-3　用法附图

3. **练法**：身体向左拧旋坐顶的同时，左臂内旋，向左弧线滚臂拧点，掌置于身前左侧，掌指向左，掌心斜形向下，成二指掌形；右臂外旋，向右往上滚臂拧穿，掌置于身体右侧上方，掌指螺旋向右，掌心向上，成螺旋掌形。同时左腿屈膝向左拧拱；右脚蹬地助力。目视左侧。（图 8-4）

图 8-4

用法：在上动的基础上，甲方在身体向左拧旋坐顶，左腿拧拱乙之右腿的同时，用左臂向左弧线滚臂拧点其胸窝，将其击出。滚臂拧点时要拧腰滚背，肩压、肘顶、臂滚，一气呵成。（图 8-4 用法）

图 8-4　用法

第1至第3个动作的练法与用法要点

这是个旋闪滚缠、扣埋拧点的招术。在旋闪侧进的同时滚臂旋缠，在扣步进身埋腿的同时缠掳拧点。动作要拧腰滚背、续势前行，且动作圆活、协调。

在用法上，甲方针对乙方的进身冲打，本着"来势勇猛力冲冲，避重就轻术巧攻"的战术思想，以旋闪滚缠摆步侧进的招术应对之。旋闪可避开其击打，摆步侧进可使其力落空、引身而入。滚缠与旋闪同时动作，形成封进一体和主动攻击的局面。继而扣步进身埋其腿部的同时，双臂缠掳拧点之。

4. **练法**：上动不停。身体向右拧腰滚背的同时，右臂内旋，向左往上经顶前而后向下往右弧线滚臂拢掳，掌置于腹前，掌指向左，掌心向下，成鹰爪掌形；左臂外旋，向右弧线屈肘滚臂缠拢于腹前，尔后于右臂内向上往左滚臂穿掌，掌置于胸前，掌指向上，掌心向内，成二指掌形。同时双腿屈膝右拧。目视左侧。（图8-5及其附图）

图8-5　　　　　　　　　　图8-5　附图

用法：乙方右腿前迈进身，冲击甲之中门的同时，用右臂击打甲之头部。甲方在向右拧腰滚背的同时，右臂向左往上经顶前而后向下往右弧线滚臂拢搂乙之右臂，左臂随势弧线屈肘滚臂缠穿于胸前，其一做好身前的防护，其二滚压于乙之右臂的上方，做好下一步攻击的准备。同时左腿屈膝右拧掩压乙之右腿。（图8-5用法及其附图）

图8-5　用法　　　　　　图8-5　用法附图

5. **练法**：上动不停。身体向左拧旋坐顶的同时，左臂向左往前弧线滚臂穿点，掌置于身体左侧，掌指向左，掌心向上，成二指掌形；右臂随势屈肘向前送掌，掌置于腰前，掌沿向外，掌心向下，成鹰爪掌形。同时左腿屈膝向左拧拱；右脚随势蹬地助力。目视左侧。（图8-6）

用法：在上动的基础上，甲方在身体向左拧旋坐顶的同时，右臂随势向前抖送乙之右臂，左臂向左往前弧线滚臂穿点

其喉部，同时左腿屈膝向左拧拱其右腿，右脚随势蹬地助力，将其击出。（图 8-6 用法）

图 8-6

图 8-6　用法

6. **练法**：接上势。向左拧腰滚背的同时，左臂内旋，向右往上经面前而后向下往左弧线滚臂缠拢，掌置于胸前，掌心向下，掌指向前，成鹰爪掌形；右臂外旋，随势屈肘滚臂翻掌，掌置于腹前，掌指向前，掌心向左，成二指掌形。同时左腿屈膝左拧，脚掌向外碾，足跟往里旋；右腿随势屈膝左旋，脚跟抬起蹬地助力。目视前方。（图8-7）

用法：乙方用左臂击打甲之面部。甲随势向左拧腰滚背的同时，左臂向右往上经面前而后向下往左弧线滚臂缠拢乙之左臂，右臂随势屈肘滚臂翻掌于其左臂下方，同时右脚跟抬起蹬地助力，做好下一步的进身攻击准备。（图8-7用法）

图8-7

图8-7 用法

7. **练法**：上动不停。身体左拧上起的同时，左臂随势向左往下弧线掳按，掌置于腰前，掌沿向外，掌心向下，成鹰爪掌形；右臂外旋，随势向前往上弧线滚臂穿点，掌置于身体右侧，掌指向前，掌心向上，成二指掌形。同时左腿屈膝左拧独

立；右腿随势抬起，屈膝前顶空悬。目视前方。（图8-8）

　　用法：在上动的基础上，甲方在身体左拧上起的同时，左臂随势向左往下弧线捋按乙之左腕，右臂于其左臂下向右往上弧线滚臂穿点其喉，同时右腿随势抬起，屈膝前顶乙之左腿。乙方在被动之中，头向后闪，避开甲之右臂的穿点。（图8-8用法）

图8-8　　　　　　　　　图8-8　用法

　　8. **练法：**上动不停。身体左拧下伏的同时，左臂内旋，随势向左往上弧线翻掌上提，掌置于顶前，掌心向上，成鹰爪掌形；右臂内旋，随势向下往前弧线滚臂拧点，掌置于右胯旁，掌指向下，掌心向后，成二指掌形。同时左腿屈膝左拧；右腿随势屈膝内掩空悬。目视右掌。（图8-9）

　　用法：在上动的基础上，甲方身体左拧下伏的同时，左掌随势向左往上弧线翻掌上提乙之左腕，右臂随势向下弧线滚臂

拧点其下身，同时右腿随势屈膝内掩，顶挤其左腿。（图8-9用法）

图8-9   图8-9　用法

9. **练法**：上动不停。身体右拧下伏的同时，左臂内旋，随势向前往下弧线滚臂捋按，掌置于腰前，掌沿向外，掌心向下，成鹰爪掌形；右臂外旋，随势屈肘外翻前臂，向右往上弧线滚臂顶挤上穿，掌置于面前右侧，掌指向右，掌心向上，成二指掌形。同时右腿向前弧线掩膝扣脚落步；左腿随势屈膝下蹲。目视右掌。（图8-10）

用法：在上动的基础上，甲方在身体右拧下伏，右腿向前弧线掩膝扣脚落步，埋住乙之腿部的同时，以左臂捋其左腕，向前往下弧线拧按；右前臂屈肘外翻，于左臂内向右往上滚臂按穿，屈肘顶挤其身，使其身后倾。（图8-10用法）

317

图 8-10　　　　　　　　图 8-10　用法

10. **练法**：上动不停。身体
向右拧旋坐顶同时，右臂外旋，
向右往上弧线滚臂穿点，掌置于
身体右侧，掌指向前，掌心向
上，成二指掌形；左臂随势屈肘
向前往右弧线滚臂按掌，掌置于
腰前右侧，掌沿向左，掌心向
下，成虎爪掌形。同时右腿屈膝
向右往前拧拱；左腿随势屈膝右
拧，蹬地助力。目视右前方。
（图 8-11）

图 8-11

用法：在上动的基础上，甲
方在身体向右拧旋坐顶的同时，右臂向右往上弧线滚臂穿点乙
之喉部，左臂随势屈肘向前往右按打其身，同时右腿屈膝向右

往前拧拱其腿，全身坐顶发力，将其击倒。（图 8-11 用法）

图 8-11　用法

11. **练法**：接上势。身体左拧上起的同时，右臂内旋，向左往上经面前弧线滚臂缠拢，掌置于身体右侧，掌沿斜形向下，掌心向左，成虎爪掌形；左臂内旋，随势向左往上弧线屈肘滚拢，掌置于身体左侧，掌沿向上，掌心向外，成虎爪掌形。同时双腿屈膝左拧，目视右侧。（图 8-12）

用法：乙方于左侧进身冲打甲之面部。甲方在身体左拧

图 8-12

上起的同时，用右臂向左往上经面前弧线滚臂缠拢乙之右臂，左臂随势向左弧线屈肘滚拢，做好身前的防护。同时双腿屈膝向左拧旋，助右臂缠拢之力。（图 8-12 用法）

图 8-12　用法

12. **练法**：上动不停。身体右拧下伏的同时，右臂内旋，向右往下弧线滚臂翻掌缠按，掌置于身体右侧，掌心斜形向下，成虎爪掌形；左臂外旋，随势屈肘翻掌，掌置于腰前左侧，掌沿向内，掌心向右，成虎爪掌形。同时双腿屈膝右拧，目视右侧。（图 8-13）

图 8-13

用法：在上动的基础上，甲方在身体右拧下伏的同时，右臂向右往下弧线滚臂缠按乙之右臂，同时双腿屈膝右拧助力。（图8-13用法）

图8-13　用法

13. **练法：**上动不停。身体右拧下伏的同时，右臂外旋，向右往下弧线滚臂缠搂，掌置于腰前，掌指向左，掌心向下，成鹰爪掌形；左臂外旋，向右往前经右臂内弧线滚臂穿掌，掌置于身体左侧，掌指向左，掌心向上，成二指掌形。同时右腿屈膝右拧，脚掌向外碾，足跟往里旋；左腿随势屈膝向前弧线扣脚落步。目视左侧。（图8-14及其附图）

用法：在上动的基础上，甲方在身体右拧下伏，左腿随势屈膝前扣落步埋住乙之右腿的同时，右臂向右往下弧线滚臂缠搂其右腕，左臂向右往前弧线滚穿顶挤其身。（图8-14用法及其附图）

图 8-14   图 8-14   附图

图 8-14   用法   图 8-14   用法附图

14. **练法**：上动不停。身体向左拧旋坐顶的同时，左臂外旋，向左往上弧线滚臂穿点，前臂向外拧翻，掌置于身体左侧，掌指向左，掌心向上，成二指爪掌形；右臂向左弧线抖臂送掌，掌置于腰前，掌沿向外，掌心向下，成鹰爪掌形。同时左腿屈膝向左拧拱；右脚随势蹬地助力。目视左侧。（图 8–15）

用法：在上动的基础上，乙方受到甲方的攻击，为保持身体的平衡，左腿后移，甲方随势身体向左拧旋坐顶，左腿屈膝向左拧拱其右腿，与此同时，左臂向左往上弧线滚臂穿点其喉部，右臂抓其右腕向左往后弧线抖臂送掌，将其击倒。（图 8–15 用法）

图 8–15   图 8–15　用法

第 4 至第 14 个动作的练法与用法要点

这是个游身缠拢穿点的招术。身体不同旋向的改变与高低起伏的变化相协调，勾勒出腰拧、背滚、臂缠、胯旋的动作弧线，突显了阴阳互变的哲理。整体动作要体现出连绵不断的旋进气势，其力要滚钻挣裹，其形似惊蛇游走。

在用法上，整体动作充分体现出一人对多人的战势，无论乙方由哪个方向击打，甲方始终保持上下肢体在拧腰滚背身法的支撑下，侧身与之相对，以圆旋坐顶之力制约其身，形成主动攻击的局面。在招术运用上，既有行云流水的缠拢穿点，又有指阴返阳的游身之动，同时也体现出"哪里接触哪里打"的战术思想。做到侧身进、滚身触，贴得紧、靠得牢，动根节，随势行。

第二成手掌（第 15 至第 26 个动作）

15. **练法**：接上势。向右拧身转体的同时，右臂内旋，向右往上经顶前弧线滚臂旋缠，掌置于身体右侧，掌沿向右，掌指向上，成虎爪掌形；左臂内旋翻掌，随势向右往上经面前而后向左往下弧线滚臂拢掌，掌置于身体左侧，掌心向下，成虎爪掌形。同时右腿向左旋膝抬起空悬；左腿随势屈膝右拧独立。目视右侧。（图 8–16）

图 8–16

用法：乙方由身后用左臂劈打甲之头部。甲方随势向右拧身转体的同时，用右臂向右往上弧线滚臂旋缠乙之左臂，左臂弧线滚臂拢掌，做好上身的防护。同时右腿旋膝抬起，其一防备其腿部的攻击，其二准备进身攻击。（图8-16用法）

图8-16　用法

16. **练法：**上动不停。身体向左拧旋下伏的同时，右臂外旋，向左往下弧线滚臂缠拢，掌置于腹前左侧，掌指向左，掌心向上，成虎爪掌形；左臂外旋，向右往上经面前而后内旋向左往下弧线滚臂拢按，掌置于胸前，掌沿向外，掌心向下，成虎爪掌形。同时右腿随势向前弧线掩膝扣脚落步；左腿随势屈膝下蹲。目视右侧。（图8-17及其附图）

用法：在上动的基础上，甲方在身体向左拧旋下伏右腿随势屈膝向前弧线扣埋乙之左腿的同时，右臂向左往下弧线缠拢其左臂，左臂随势滚臂拢按，将其左臂挟于双掌间。（图8-17用法及其附图）

图 8–17

图 8–17　附图

图 8–17　用法

图 8–17　用法附图

17. **练法**：上动不停。身体向右拧旋坐顶的同时，右臂外旋，向右往上弧线滚臂穿点，前臂向外拧翻，掌置于身体右侧，掌指向右，掌心向上，成二指掌形；左臂随势屈肘向左往下拢按，掌置于腰前，掌沿向外，掌心向下，成虎爪掌形。同时右腿屈膝向右拧拱；左脚随势蹬地助力。目视右侧。（图8-18）

图 8-18

用法：在上动的基础上，甲方身体向右拧旋坐顶、右腿屈膝向右拧拱乙之左腿根部的同时，左臂随势屈肘向左往下拢按其左臂，右臂前臂向外拧翻，由其左臂下向右往上弧线滚臂穿点其喉部，将其击出。（图8-18用法）

图 8-18　用法

第 15 至第 17 个动作的练法与用法要点

这是个转身缠拢穿点的招术。全身要同时动作，体现出腰拧、背滚、胯旋、臂似蛇身的圆旋之动。

在用法上，因为甲方不可能知道乙方由身后的击打方式，所以采用上中下三盘攻防合一的转身击打招术。右臂的滚臂旋缠与左臂的拢按上下交互动作，兼顾上盘与中盘，右腿的旋膝抬起为下盘之动。在战术上要有黏挤其身、破其重心的思想，为穿点其身奠定基础。

18. **练法：** 上动不停。向左拧腰滚背的同时，右臂内旋，向左往上经面前弧线滚拢，掌置于身体右侧，掌指向前，掌心斜形向上，成虎爪掌形；左臂随势屈肘左按，掌置于腰前左侧，掌沿向左，掌心向下，成虎爪掌形。同时双腿屈膝左拧。目视右侧。（图 8-19）

图 8-19

用法：乙方用右臂击打甲之头部。甲方随势向左拧腰滚背的同时，右臂向左弧线滚拢乙之右臂，左臂随势屈肘左按，做好身前防护。同时双腿屈膝左拧助力。（图8-19用法）

图8-19　用法

19. **练法：**上动不停。身体向右拧旋的同时，右臂内旋，向右弧线滚臂拢按，掌置于身体右侧，掌心斜形向右，成虎爪掌形；左臂外旋，随势屈肘翻掌，掌置于腰前左侧，掌沿向内，掌心向上，成虎爪掌形。同时右腿屈膝右拧，脚掌向外碾，足跟往里旋；左脚随势蹬地助力。目视右侧。（图8-20及其附图）

用法：在上动的基础上，甲方身体向右拧旋的同时，右臂内旋，向右弧线滚臂拢按乙之右臂，左臂随势屈肘翻掌，做好进身攻击的准备。同时双腿屈膝右拧助力。（图8-20用法）

图 8-20　　　　　　　　　图 8-20　附图

图 8-20　用法

20. **练法**：上动不停。身体右拧下伏的同时，右臂外旋向右往下弧线滚臂拢掳，掌置于腰前右侧，掌沿向右，掌心向下，成鹰爪掌形；左臂外旋，随势屈肘向前下弧线滚穿，掌置于腰前左侧，掌指向前，掌心向上，成二指掌形。同时右腿屈膝右拧，脚掌向外碾，足跟往里旋；左腿随势向前弧线扣脚落步。目视左侧。（图8-21）

用法：在上动的基础上，甲方身体右拧下伏、左腿随势向前弧线扣脚落步掩压乙之右腿的同时，右臂向右往下弧线滚臂拢掳其右腕，左臂随势滚穿于其右臂下。（图8-21用法）

图8-21　　　　　　　　图8-21　用法

21. **练法**：上动不停。身体向左拧旋坐顶的同时，右臂掳按随势而动，掌置于腰前，掌心向下，成鹰爪掌形；左臂外旋，前臂向外拧翻，向左往上弧线滚臂穿点，掌置于身体左侧，掌指斜形向前，掌心向上，成二指掌形。同时双腿屈膝左拧。目视左侧。（图8-22）

用法：在上动的基础上，甲方身体向左拧旋坐顶，右臂搠按乙之右腕，左臂向左往上弧线滚臂穿点其身。乙方拧身躲闪的同时，右腕拧拽，右腿抬起，避开甲方的击打。（图 8-22用法）

图 8-22

图 8-22　用法

22. **练法：**上动不停。身体向左拧旋下伏的同时，左臂内旋翻掌，向左往下弧线滚臂缠按，掌置于腰前左侧，掌沿向左，掌心向下，成虎爪掌形；右臂屈肘随势而动，掌置于腰前右侧，掌心向下，成虎爪掌形。同时双腿屈膝左拧。目视左侧。（图 8-23）

用法：在上动的基础上，乙方在被动之中右腿后撤落步的同时，用左臂击打甲之胸部。甲方随势身体向左拧旋下伏的同时，左臂向左往下弧线滚臂缠按乙之左臂，同时双腿屈膝左拧助力。（图 8-23用法）

图 8-23 　　　　　　　　 图 8-23　用法

23. **练法：**上动不停。身体向右拧旋上起的同时，左臂外旋，向右往上弧线滚臂黏缠，掌置于身体左侧，掌心斜形向上，成虎爪掌形；右臂随势而动，掌置于腰前右侧，掌心向下，成虎爪掌形。同时双腿屈膝右拧。目视左侧。（图 8-24）

图 8-24

用法：在上动的基础上，乙方欲随甲之左臂缠按之势用左臂外旋翻打甲之头部。甲方随势向右拧腰滚背的同时，左臂黏其左臂，翻掌滚缠之，同时双腿屈膝右拧助力。（图 8-24 用法）

图 8-24　用法

24. **练法**：上动不停。身体向左拧旋下伏的同时，左臂内旋，向左往下弧线滚臂黏缠拢按，掌置于腰前左侧，掌沿向左，掌心向下，成虎爪掌形；右臂外旋翻掌，随势而动，掌置于腰前右侧，掌指斜形向下，掌沿向左，成虎爪掌形。同时左腿屈膝左拧，脚掌向外碾，足跟往里旋；右腿随势抬起，屈膝空悬。目视左侧。（图 8-25）

用法：在上动的基础上，乙方在甲之左臂的黏缠下右腿前迈落地、左腿随势抬起转身而走的同时，甲方向左拧腰滚背，左腿屈膝左拧，右腿随势抬起滚身而进，以左臂向左往下弧线滚臂黏缠拢按乙之左臂。（图 8-25 用法）

图 8-25

图 8-25　用法

25. **练法**：上动不停。向左悠身转体的同时，左臂外旋向左往下弧线滚臂拢捋，掌置于腰前，掌沿向下，掌心向内，成鹰爪掌形；右臂外旋，随势向左往前弧线屈肘按穿，掌置于胸前，掌指向上，掌心向内，成二指掌形。同时左腿屈膝左拧，脚掌向外碾，足跟往里旋；右腿随势向前弧线扣脚落步，目视右掌。（图 8-26）

图 8-26

用法：在上动的基础上，甲方向左悠身转体、右腿随势向前弧线扣步进身的同时，左臂向左往下滚臂拢捋乙之左腕，右

臂随势经左掌上方向前弧线按穿其左臂，准备好下一步的攻击。（图8-26用法）

图8-26　用法

26. **练法**：上动不停。身体向左拧旋坐顶的同时，左臂捋拽，随势而动，掌置于腰前左侧，掌心向下，成鹰爪掌形；右臂内旋翻掌，向前滚臂勾掏，掌置于身体右侧，掌指向前，掌心向下，成蛇信掌形。同时双腿略屈膝左拧，右脚蹬地助力。目视右掌。（图8-27）

用法：在上动的基础上，甲方身体向左拧旋坐顶的同时，左掌捋拽乙之左腕，右臂内旋

图8-27

翻掌，掌指向前滚臂勾掏其面部，同时右脚蹬地，全身坐顶发力，将其击出。（图8-27用法）

图8-27　用法

第18至第26个动作的练法与用法要点

这是个游身拢穿、悠缠勾掏的招术。双臂的滚拢、穿点要有游身之感，勾掏要借悠身而进的黏缠拢捋之势。动作要圆活、协调，一气呵成。

在用法上，甲方右臂借拧腰滚背之身法、弧线滚拢之招术应对乙之右臂的击打，继而左腿向前弧线扣脚落步掩压乙之右腿的同时，双臂拢捋滚穿之。在乙方被动转身而走的同时，甲方的悠身缠拢是紧贴其身的黏随之动，意在不让乙方有还手之机，随势而击之。招术的运用要圆活、流畅，借势而行，随势施之。

第三成手掌（第27至第43个动作）

27. **练法：**接上势。身向左拧闪身而进的同时，右臂外旋，向左往下经腹前而后向上经腰左侧再向右往上弧线旋掌，掌置于胸前右侧，掌沿向左，掌心向上，成虎爪掌形；左臂随势拢掌于右臂上方，掌沿向前，掌心向下，成虎爪掌形。同时左腿屈膝左拧独立，脚掌向外碾，足跟往里旋；右腿随势抬起，向左屈膝空悬。目视右侧。（图8–28）

用法：乙方右腿前迈，欲用右臂劈打甲之头部。甲方随势右腿抬起向左旋闪进身的同时，右掌弧线旋掌于胸前右侧，做好旋身而进攻击乙方的准备。（图8–28用法）

图8–28   图8–28　用法

28. **练法：**上动不停。身体右拧上起的同时，右臂内旋，向右往上弧线翻缠，掌置于身体右侧，掌指斜形向上，掌心向前，成虎爪掌形；左臂外旋，向左弧线展掌，掌置于身体左侧，掌指向后，掌心向上，成虎爪掌形。同时，右腿向前弧线

摆脚落步进身，左脚随势蹬地助力。目视右侧。（图8-29）

用法： 在上动的基础上，甲方右臂随右腿向前弧线摆脚落步进身、左脚蹬地助力的同时，滚臂翻缠乙之右臂。左臂向左弧线展掌，做好下一步进身攻击的准备。（图8-29用法）

图 8-29   图 8-29 用法

29. **练法：** 上动不停。向右拧身转体下伏的同时，右臂外旋，向右往下弧线拢按，掌置于腰前右侧，掌沿向下，掌心向内，成虎爪掌形；左臂内旋，向右往前弧线滚臂拢掖，掌置于腹前左侧，掌指向下，掌心向后，成二指掌形。同时右腿屈膝右拧，脚掌向外碾，足跟往里旋；左腿随势抬起，向前弧线掩膝扣脚落步。目视左掌。（图8-30及其附图）

用法： 上动不停。甲方向右拧身转体下伏，左腿随势抬起，向前弧线掩膝扣脚落步埋住乙之右腿的同时，右臂向右往下弧线拢按其右臂，左臂向右往前弧线滚臂拢掖其身，使其身向后坐。（图8-30用法及其附图）

图 8-30

图 8-30　附图

图 8-30　用法

图 8-30　用法附图

30. **练法**：上动不停。身体向左拧旋坐顶的同时，左臂内旋，向左往上弧线滚臂拧点，前臂向内拧翻，掌置于身体左侧，掌指向前，掌心向左，成二指掌形；右臂外旋，随势向左推按顺势拧点，掌置于腰前左侧，掌指向前，掌沿向下，成二指掌形。同时左腿屈膝向左拧拱，脚掌向外碾，足跟往里旋；右腿随势屈膝左拧，蹬地助力。目视左前方。（图 8-31）

图 8-31

用法：在上动的基础上，甲方在身体向左拧旋坐顶、左腿屈膝向左拧拱乙之右腿、右脚随势蹬地助力的同时，左臂以肘带手，滚挤其身，拧点其喉。右臂随势向左推按其右臂，顺点其胸窝，将其击倒。（图 8-31 用法）

图 8-31　用法

31. **练法**：上动不停。向
右拧腰滚背悠身而动的同时，
右臂外旋翻掌，前臂向外拧
翻，向右往上经面前弧线滚臂
翻压拧穿，掌置于身体右侧，
掌指向右，掌心向上，成二指
掌形；左臂随势外旋滚臂，掌
仍置于身体左侧，掌心向下，
成二指掌形。同时右腿屈膝向
右拧拱，脚掌向外碾，足跟往
里旋；左腿随势屈膝右拧，蹬
地助力。目视右侧。（图 8-32）

图 8-32

用法：乙方由身后进身的同时，用右掌冲打甲之头部。
甲方向右悠身而动，左脚随势蹬地助力，右腿屈膝向右拧拱
掩压其右腿的同时，右臂向右往前弧线滚臂翻压拧穿乙之右
臂。（图 8-32 用法）

图 8-32　用法

32. **练法**：上动不停。身体向右拧旋坐顶的同时，右臂外旋，向右往前弧线滚臂穿点，掌置于身体右侧，掌指向右，掌心斜形向上，成二指掌形；左臂内旋，随势向左穿点，掌置于身体左侧，掌指向左，掌心向下，成二指掌形。同时双腿屈膝右拧，左脚蹬地助力。目视右侧。（图8-33）

图 8-33

用法：上动不停。甲方身体向右拧旋坐顶的同时，右臂于乙之右臂上方向右往前弧线滚臂穿压其身，顺点其喉。同时右腿屈膝拧拱其右腿，全身同时坐顶发力，将其击倒。（图8-33用法）

图 8-33 用法

33. **练法**：上动不停。身体向右拧旋上起的同时，右臂内旋，向左弧线滚臂围拢，掌置于腰前，掌沿向下，掌心向内，成虎爪掌形；左臂内旋，随势向右往前弧线滚臂围打，掌置于胸前，掌沿向外，掌心向下，成虎爪掌形。同时右腿屈膝右拧独立，脚掌向外碾，足跟往里旋；左腿随势抬起，向右旋膝顶打兜提空悬。目视左侧。（图8-34）

图 8-34

用法：在上动之中，如果乙方身向后闪，避开甲之右掌的穿点，则甲方随势身体向右拧旋上起的同时，右臂向左弧线滚臂围拢乙之右臂，左臂随势向右往前弧线滚臂围打其头部，同时右腿屈膝右拧，左腿随势抬起，向右旋膝顶打兜提其右腿。（图8-34用法）

图 8-34　用法

34. **练法**：上动不停。身
体向左拧旋坐顶悠身向前的同
时，双臂屈肘向下往前拢压顶
挤而后向上弧线抖臂拧点，左
掌置于身体左侧，掌指向前，
掌心向下，成二指掌形；右掌
置于左掌下方，掌指向前，掌
心向下，也成二指掌形。同时
左腿随势向前掩膝扣脚落步；
右脚随势蹬地助力。目视前
方。（图8-35）

图 8-35

用法：在上动的基础上，甲方抓住乙方被动之机，在身体
向左拧旋坐顶左腿随势向前掩膝扣脚落步冲其身体重心的同
时，双臂屈肘向下往前拢压乙之右臂、顶挤其身，尔后向上弧
线抖臂拧点其喉及胸窝，将其击出。（图 8-35 用法）

图 8-35　用法

345

第27至第34个动作的练法与用法要点

这是个闪身翻掖穿点、悠身兜提拧点的招术。闪身要有旋进之势，在旋闪中以手开路，表现出封进一体的风格特点。其动拧腰滚背，其势悠身向前。悠身穿点借闪身翻掖之势，双臂的左右换向穿点要借悠身晃体之势。悠身兜提拧点是前者的续动招术，兜提要借悠身的整力，双臂的拧点要借兜提后左腿向前的冲扣落步之势。

在用法上，双臂在旋闪进身的同时翻缠拢掖，以圆旋冲击之力破解乙方冲打之力，继而获得主动而穿点之。针对背后之敌的击打，采用悠身而行的整力，以臂滚、腿掩的旋力应对之。悠身兜提拧点的招术要借右臂穿点其身之势而施之。

35. **练法：**上动不停。向右拧身转体的同时，右臂外旋，向右往上弧线旋臂翻打，掌置于身体右侧上方，掌指斜形向上，掌心向上，成虎爪掌形；左臂向右往下弧线按掌，掌置于腰前右侧，掌指向右，掌心向下，成虎爪掌形。同时右腿随势抬起，向左掩膝空悬；左腿随势屈膝独立。目视右侧。（图8-36及其附图）

图 8-36

图 8-36　附图

用法： 乙方由身后用左臂劈打甲之头部。甲方随势向右拧腰滚背转身上起的同时，右臂向右往上弧线旋臂翻打乙之左臂，左臂向右往下弧线按掌，做好身前的防护。同时右腿随势抬起，向左掩膝空悬，其一有旋膝顶打及防护之意，其二为进身攻击做好准备。（图 8–36 用法及其附图）

图 8–36　用法　　　　　　图 8–36　用法附图

36. **练法：** 上动不停。身体左拧下伏的同时，右臂内旋，向左往下弧线屈肘滚臂拢压冲顶，掌置于腰前左侧，掌指向左，掌心向下，成二指掌形；左臂随势而动，掌按于腹前右侧，掌指向右，掌心向下，成虎爪掌形。同时右腿向右弧线掩膝扣踏落步；左腿随势屈膝下蹲。目视右侧。（图 8–37 及其附图）

图 8–37

347

图 8-37　附图

用法：在上动的基础上，甲方身体左拧下伏右腿向右弧线掩膝冲扣落步埋住乙之左腿的同时，右臂向左往下弧线屈肘滚臂拢压其身，冲顶其胸窝。左臂掌按于腹前，做好下一步攻击的准备。（图 8-37 用法及其附图）

图 8-37　用法

图 8-37　用法附图

37. **练法**：上动不停。身体向右拧旋坐顶，右臂内旋，向右往上弧线滚臂冲点，掌置于身体右侧，掌指向前，掌心斜形向右，成二指掌形；左臂外旋，向右弧线滚臂推按，顺势冲点，掌置于腰前右侧，掌指向前，掌沿向下，成二指掌形。同时右腿向右屈膝拧拱；左脚随势蹬地助力。目视右侧。（图8-38）

图 8-38

用法：在上动的基础上，甲方身体向右拧旋坐顶，右腿向右屈膝拧拱乙之左腿的同时，右臂以肘带手向右往上弧线顶打其胸，冲点其喉。左臂向右弧线滚臂推按其身，顺势冲点其胸窝，将其击倒。（图8-38用法）

图 8-38　用法

38. 练法： 向左拧身而起的同时，左臂内旋，向左往上经面前弧线滚臂缠拢，掌置于身体左侧，掌沿向左，掌心斜形向下，成虎爪掌形；右臂内旋，随势屈肘旋掌于身体右侧，掌沿向上，掌心向右，成虎爪掌形。同时双腿屈膝左拧。目视左侧。（图 8-39）

用法： 乙方用右臂劈打甲之头部。甲方随势向左拧身而起，双腿屈膝左拧助力的同时，左臂向左往上经面前弧线滚臂缠拢乙之右臂，以圆旋之力使其身向后仰。（图 8-39 用法）

图 8-39 　　　　　　　　　　图 8-39　用法

39. 练法： 上动不停。身体右拧下伏的同时，左臂外旋，向右往下弧线滚臂缠拢，掌置于腹前右侧，掌指向右，掌心向上，成虎爪掌形；右臂外旋，向左往上经顶前而后内旋，向下弧线滚臂拢按，掌置于胸前左侧，掌指向左，掌心向下，成鹰爪掌形。同时右腿屈膝右拧，脚掌向外碾，足跟往里旋；左腿随势抬起，向右往前弧线扣脚落步。目视左侧。（图 8-40 及其附图）

用法：在上动的基础上，甲方身体右拧下伏，左腿随势向右往前弧线扣脚落步，埋住乙之右腿的同时，左臂向右往下弧线滚臂缠拢其右臂。右臂随势弧线拢按于其右臂上方，将其右臂缠拢于双掌间。（图8-40用法及其附图）

图8-40　　　　　　　　　　图8-40　附图

图8-40　用法　　　　　　　图8-40　用法附图

40. 练法：上动不停。身体向左拧旋坐顶的同时，左臂外旋，向左往上弧线滚臂穿点，掌置于身体左侧，掌指向左，掌心向上，成二指掌形；右臂随势按掌于腰前，掌指向左，掌心向下，成鹰爪掌形。同时左腿向左屈膝拧拱；右腿随势屈膝左旋，蹬地助力。目视左侧。（图8-41及其附图）

图 8-41   图 8-41　附图

用法：在上动的基础上，甲方在身体向左拧旋坐顶、左腿向左屈膝拧拱乙之右腿的同时，右臂下按其右臂，左臂于其右臂下向左往上弧线滚臂穿点其喉。乙方随势身体左拧，转身而走，避开甲方击打。（图8-41用法及其附图）

图 8-41　用法

图 8-41　用法附图

41. **练法:** 身体左拧下伏的同时，左臂内旋，向左往下弧线屈肘滚臂顶挤，掌置于腰前，掌指向右，掌心向下，成二指掌形；右臂外旋，随势屈肘翻掌于腰前右侧，掌沿向内，掌心向上，成虎爪掌形。同时左腿屈膝左拧，脚掌向外碾，足跟往里旋；右腿随势抬起，向左往前弧线扣脚落步。目视左侧。（图 8-42 及其附图）

图 8-42

图 8-42　附图

用法： 在上动的基础上，乙方转身而走。甲方身体左拧下伏，右腿随势抬起，向左往前弧线扣脚落步紧随其身的同时，左臂向左往下弧线屈肘滚臂顶挤乙之后腰，右掌置于腰前右侧，准备击打其身。（图 8-42 用法）

图 8-42　用法

42. **练法**：身体向左拧旋坐顶的同时，左臂内旋，以肘带手向左往上弧线滚臂顶挤拧点，前臂向内拧翻，掌置于身体左侧，掌指向前，掌心向左，成二指掌形；右臂内旋，随势向左往前滚臂拧点，掌指向前，掌沿向下，掌心向左，成二指掌形。同时双腿屈膝左拧，右脚随势蹬地助力。目视左前方。（图 8-43）

图 8-43

用法：在上动的基础上，甲方身体向左拧旋坐顶的同时，左臂内旋，以肘带手向左往上滚臂顶挤乙背，拧点其腮，右臂随势向左往前滚臂拧点其后腰。同时双腿屈膝左拧，全身同时坐顶发力，将其击倒。（图 8-43 用法）

图 8-43 用法

43. **练法**：在上动向左坐顶发力后，身体自然右拧，双腿自然屈膝右旋，双臂自然屈肘回收。畅胸拔顶，坐胯拧腰，目视左侧。成蛇形掌势。（图 8-44）

图 8-44

第 35 至第 43 个动作的练法与用法要点

这是个旋翻转体冲点、游身旋扣拧点的招术。右臂的旋臂翻打与拧身转体同时动作，要有悠身而起的劲势。双臂冲点要借右腿的冲扣之势。游身旋扣拧点与旋翻转体冲点招术的连用，形成一人对多人的群战架势；动作不停地变位施招，身法、步法与手法的协调配合，形成步动身同动、步行身同行，圆力行使，无始无终的惊蛇游身之动。

在用法上，甲方采用封进合一、旋翻转体、提膝冲扣的右臂滚拢，制约乙之左臂的冲打，既体现了旋翻转体的圆旋之柔，又显示出提膝冲扣的刚猛之势。冲点要借提膝冲扣之势。游身旋扣拧点招术是针对乙方于左侧右臂的劈打。甲方以"一动先使你失中"的战术思想，用左臂的滚缠触动其右臂根节，获得继续施招的主动局面。继而又以"沾连黏随围着转"的战术，在右腿前扣贴靠其身的同时，双臂拧点之。

收势：上动结束时，为蛇形掌势。套路的演练是由立正开始，演练成蛇形掌势；而套路的结束是由蛇形掌势演练到立正收势。下面讲解的内容是阴阳八卦掌·蛇形掌的收势。

44. **练法**：身体中心向左慢慢移动的同时，左臂外旋，向右往下弧线滚臂垂于左胯旁，肘微屈，掌指斜形向下，掌心向右，成虎爪掌形；同时右臂外旋，向右往下弧线滚臂垂于右胯旁，肘微屈，掌心与左掌斜形相对，成虎爪掌形。同时双腿屈膝向左拧旋。眼平视前方。（图 8-45）

要点：蛇形掌势动作完成后，双目视左侧，停留两秒钟，表示动作完成的预示。双臂下垂过程中，动作要舒缓、自然、放松。

图 8-45

45. **练法**：上动不停，双臂分别从体侧慢慢抬起，置于顶前上方，肘微屈，掌心相对。同时右腿向左腿靠拢，膝微屈，然后双腿并立。目视双掌间。（图8-46）

46. **练法**：接上势，双腿并拢，屈膝下蹲的同时，双掌向下经面前、胸前由两侧弧线下按，掌置于腰前两侧，两掌手指相对时，掌心向下。目视双掌间。（图8-47）

图 8-46

47. **练法**：接上势，身体慢慢站起，双臂慢慢下按，双掌掌指放松并拢，分别置于腿旁，成立正姿势。双目平视前方。（图8-48）

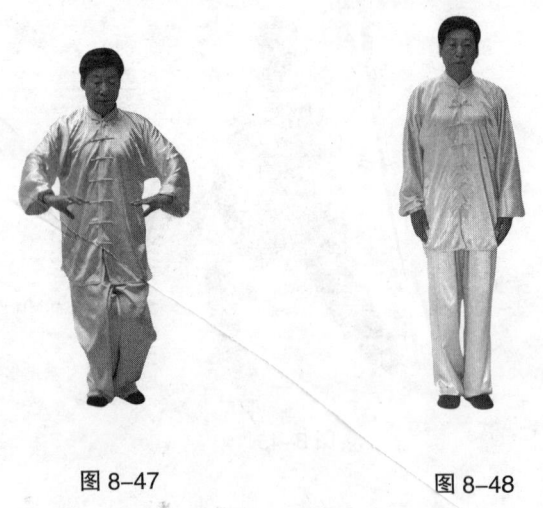

图 8-47　　　　　　　　图 8-48